本书由中共上海市委党校、
上海行政学院学术著作出版基金资助出版

STUDY ON
THE INTELLECTUAL PROPERTY
PROTECTION FUNCTION OF
LOCAL GOVERNMENT

地方政府知识产权保护职能研究

万里鹏 著

上海社会科学院出版社
SHANGHAI ACADEMY OF SOCIAL SCIENCES PRESS

目 录

绪论 ... 1
    第一节　问题的提出 ... 1
    第二节　国内外研究述评 ... 7
    第三节　研究内容与可能的贡献 ... 16

第一章　地方政府知识产权保护职能的理论阐释 ... 21
    第一节　知识产权保护职能的科学定位 ... 21
    第二节　知识产权保护职能的有效履行 ... 46
    第三节　知识产权保护职能的持续优化 ... 70

第二章　主体维度：地方政府知识产权保护职能运转的核心中枢 ... 89
    第一节　做为核心中枢的省级知识产权局及其现状概览 ... 89
    第二节　本轮机构改革后省级知识产权局管理体制存在的问题 ... 95
    第三节　省级知识产权局部门设置与职能配置的优化 ... 101

第三章　对象维度：地方政府知识产权保护职能履行的市场回应 ... 110
    第一节　知识产权保护职能履行的相关市场主体概述 ... 110
    第二节　知识产权权利人视角下的职能履行 ... 116
    第三节　知识产权行政执法相对人视角下的职能履行 ... 120

第四章　功能维度：地方政府知识产权行政保护与司法保护的衔接协同　139
 第一节　知识产权行政执法与司法保护的边界关系　140
 第二节　司法保护对知识产权行政执法制度的限制　144
 第三节　知识产权行政执法权对司法保护的影响　147
 第四节　知识产权行政执法与司法保护有效衔接的基本路径　150

第五章　合作维度：区域地方政府知识产权行政保护的协调运转　154
 第一节　区域政府知识产权协调保护的实践探索
    ——以长三角区域为例　156
 第二节　长三角区域知识产权行政执法协作面临的主要困境　162
 第三节　推进长三角区域知识产权行政执法协作的对策建议　167

第六章　技术维度：地方政府知识产权保护的数据赋能　178
 第一节　大数据对知识产权保护职能的影响　179
 第二节　大数据时代知识产权保护职能履行面临的问题　183
 第三节　大数据赋能知识产权保护职能的对策建议　188

参考文献　199

绪　论

第一节　问题的提出

伴随着改革开放40多年的伟大进程,我国知识产权事业蓬勃发展,知识产权行政管理体制机制也经历了从无到有、从弱到强的发展历程。尤其是党的十八大以来,在以习近平同志为核心的党中央坚强领导下,我国走出了一条中国特色知识产权发展之路,取得了历史性成就,有力支撑了创新型国家建设和全面建成小康社会目标的实现。地方政府及其管理部门,全程参与到知识产权的创造、保护、运用、管理和服务活动中,是知识产权强国建设的中坚力量。地方政府职能的履行情况及其效能发挥,不仅关系到地区经济社会的高质量发展和人民生活幸福,更关系到国家对外开放大局、国家治理体系和治理能力现代化。

一、地方政府在知识产权保护体系中的主体作用日益凸显

本质上,知识产权的公共政策属性,决定了政府在知识产权公共产品的有效供给中居于主导地位。这种公共产品涉及知识产权的创造、运用、保护、管理和服务全链条。保护环节的公共产品包括但不限于知识产权行政执法、市场监管、维权援助、仲裁调解、信息服务、行政确权、行政指导等,即与创新主体知识产权权益保护相关的所有行政行为。其中,行政与司法"双轨制"保护模

式,从法定层面赋予知识产权行政部门保护知识产权的职责权限,但这仅是政府保护知识产权的部分职能。结合近年来一系列中央和省级政策文件的出台,特别是2019年11月24日中共中央办公厅、国务院办公厅印发的《关于强化知识产权保护的意见》,传递出党和政府加强知识产权保护的坚定决心。

地方政府作为贯彻落实党中央、国务院决策部署的重要环节,任务艰巨且责任重大,主体性功能较为突出。正向角度看,地方政府可以有效整合区域范围内的知识产权保护资源,为创新主体营造法治化的产权保护环境,引导知识产权事业的快速稳定发展;反之,知识产权保护环境对市场主体产生"挤出效应",区域经济社会发展欠缺创新动能。可以说,地方政府在知识产权"严保护""大保护""快保护""同保护"每个领域都承担大量行政职能,同时面临着职能创新、转变、执行的压力和挑战。这就需要从更为宏观的层面,全面审视地方政府的职能内涵、行为边界和目标选择,以适应快速发展的知识经济时代出现的新形势、新问题。

二、面向新发展阶段的政府职能转变,全面重塑知识产权保护职能

2020年11月30日,中共中央政治局就加强我国知识产权保护工作举行第二十五次集体学习,习近平总书记在主持学习时强调,知识产权保护工作关系国家治理体系和治理能力现代化,关系高质量发展,关系人民生活幸福,关系国家对外开放大局,关系国家安全。全面建设社会主义现代化国家,必须从国家战略高度和进入新发展阶段要求出发,全面加强知识产权保护工作,促进建设现代化经济体系,激发全社会创新活力,推动构建新发展格局。[①]知识产权保护职能属于政府职能体系的组成部分,遵循整体性政府治理逻辑,政府职能转变必然引起知识产权保护职能的创新变革。新时代的政府职能转变,要适应发展阶段的新变化、人民美好生活需求的新变化、

---

① 习近平:《全面加强知识产权保护工作 激发创新活力推动构建新发展格局》,《人民日报》2021年2月1日。

城市文明占主导地位的新变化、社会主义民主法治不断发展的新变化、高水平对外开放的新变化。①政府不仅要承担起推动、组织、实现知识产权治理现代化的基本职责,更要在实现现代化的过程中不断完善政府职能体系与职责体系,进而推进政府知识产权保护相关职能的现代化。

"十四五"时期我国将全面开启实现社会主义现代化建设的新征程。政府职能的现代化,意味着政府更加注重营造制度化、法治化的营商环境、政务环境与生存发展环境。在新发展理念引领下,政府需要协同推进创新发展、协调发展、绿色发展、开放发展、共享发展,努力实现更高质量、更有效率、更可持续、更为安全的发展。相应地,政府的经济调节、市场监管、社会管理、公共服务、生态环境保护等职能面临深化改革与流程重塑的紧迫任务。根据党的十九届五中全会涉及"十四五"时期政府职能转变的主要任务,知识产权领域政府职能的优化路径主要有以下三个方面:一是建设职责明确、依法行政的政府治理体系。这就需要全面提升知识产权保护的法治化水平,从制度层面进一步完善知识产权市场监管、行政执法、公共服务、综合管理等方面法规规则体系。二是优化政府职能履行的方式。就是从完善知识产权保护实施机制的角度,创新知识产权行政管理和服务方式,推进知识产权政务服务标准化、规范化、便利化,综合运用大数据、人工智能等"互联网+"技术优化知识产权管理机制。三是优化政府职能履行的主体。即推进知识产权相关职能部门的机构编制、部门设置、职责权限等方面的优化配置,理顺职责履行的纵横关系,通过主体赋权,向知识产权治理赋能。据此,亟待构建适应新发展格局的政府知识产权保护职能新格局。

三、知识产权强国建设要求更有效率、更高质量推进知识产权改革发展

2021年9月22日,中共中央、国务院印发《知识产权强国建设纲要

---

① 李军鹏:《面向社会主义现代化新发展阶段的政府职能转变》,《中共中央党校(国家行政学院)学报》2021年第4期。

(2021—2035年)》(简称《纲要》),这是以习近平同志为核心的党中央面向未来15年对知识产权事业发展作出的重大顶层设计,擘画了新时代知识产权强国建设的宏伟蓝图,在我国知识产权事业发展史上具有重大里程碑意义。党的十九届四中全会专门研究如何推进国家治理体系和治理能力现代化,聚焦于制度层面破解改革发展稳定中的重大关键性问题。其中,突出科技的核心地位以及关于科技自立自强的科学论述,与知识产权领域治理密切相关。党的十八大以来,习近平总书记在多个重要场合、国际会议、报告讲话中提到加强知识产权保护的问题,关于知识产权工作的一系列重要论述为知识产权事业发展举旗定向,并相继转化为知识产权领域深化改革的顶层设计方案,旨在全面优化完善知识产权保护体制、制度和实现机制等。

在新一轮技术创新和产业变革浪潮的推动下,全球经济发展格局正在发生深层次的结构性变化,以关键领域前沿技术和知识体系创新为引擎,以知识产权核心资产和战略运用为支撑的知识经济深入发展,知识产权已经成为国家发展的战略性资源和提升国际竞争力的核心要素,成为市场主体创新驱动发展并取得市场竞争优势的关键。近年来,我国知识产权数量呈现持续快速增长态势,我国已成为名副其实的知识产权大国,但还不是知识产权综合实力较强的知识产权强国。针对这一基本现状和发展要求,2015年12月18日,《国务院关于新形势下加快知识产权强国建设的若干意见》发出了"深化知识产权领域改革,加快知识产权强国建设"的总动员。要实现将我国建设成为知识产权强国这一战略目标,我国知识产权行政管理体系就必须在更高层次上、以更高的标准进行科学化管理,就必须在新形势下更好地发挥政策引导、执法保护和公共服务等职能,通过制定政策、搭建平台、优化环境等有效推动知识产权创造、运用、保护和管理。

2018年,新一轮党和国家机构改革启动。改革开放40年,历次政府机构改革基本上围绕"精兵简政、转变职能、优化结构、提高效率"主线,新一轮党政机构改革更是以职能逻辑为主线,职能转变与机构改革呈现出较强的整体性和协同性特征。①机构改革的目的在于建立职责明确、依法行政的政府治理体系。②机构改革已不仅仅是调整机构、精简人员,更是政府治理理念、治理方式、治理效能的变革提升,涉及职能理念、性质、内容、运行方式及在此基础上的机构设置等。③2020年11月16日,中央全面依法治国工作会议在北京召开,习近平总书记发表了题为《以科学理论指导全面依法治国各项工作》的重要讲话,为法治中国建设确立了科学理论和指导思想。今后一个时期,知识产权领域的深化改革工作要牢固树立和贯彻落实新发展理念,在全面开放新格局下通盘考量、整体运筹、长远规划,做好顶层设计,铺就知识产权行政管理的未来之路,为建设创新型国家和知识产权强国,实现中华民族伟大复兴的中国梦注入强大力量。④

总体上,我国的知识产权行政保护体系仍存在管理职能定位不清、执法职能手段单一和公共服务职能能力欠缺等问题,知识产权行政管理体系分散、职能转变没有到位、管理手段资源不足等体制弊端仍未完全解决,知识产权保护工作与新时期经济社会高质量发展要求仍存在一定差距。

四、区域发展差异孕育知识产权领域的创新探索

我国区域知识产权发展状况存在较大差异,地方政府的知识产权保护职能效用发挥参差不齐。2018年机构改革前,针对知识产权管理工作中长期存在的机构设置分散、行政效率不高、行政成本膨胀、未与国际规则接轨等体制弊端⑤,我国知识产权管理工作在地方试点和顶层设计方面做了大量有益探索。

---

① 孙涛、张怡梦:《从转变政府职能到绩效导向的服务型政府——基于改革开放以来机构改革文本的分析》,《南开学报(哲学社会科学版)》2018年第6期。
② 宋世明、王君凯:《我国政府机构改革历程与取向观察》,《改革》2018年第4期。
③ 王浦劬:《论转变政府职能的若干理论问题》,《国家行政学院学报》2015年第1期。
④ 申长雨:《新时代知识产权强国建设的宏伟蓝图》,《知识产权》2021年第10期。
⑤ 单晓光、王珍愚:《各国知识产权行政管理机构的设置及其启示》,《同济大学学报(社会科学版)》2007年第3期。

一方面,地方政府在试点探索中创新知识产权综合管理体制机制。2017年7月26日,国家知识产权局按照《国务院办公厅关于印发知识产权综合管理改革试点总体方案的通知》要求,确定青岛、苏州、长沙、厦门、深圳、上海徐汇区6地作为综合管理体制改革的首批试点。①相比于中央层面的这一政策部署,地方政府在知识产权综合管理改革方面的试点探索实际上已经走在前面,部分市(区)级政府的知识产权管理体制实现了全部知识产权事项的集中统一管理和执法。具有代表性的是:2008年,苏州市知识产权局将专利与版权事务合署办公,取得了很好的管理成效②;2010年,深圳市进行机构改革后,在市场监管管理局加挂知识产权局,将专利、商标、版权管理职责整合到统一的综合监管和执法体系;2014年11月,上海浦东新区率先成立集专利、商标、版权管理和执法职能于一体的独立的知识产权局,开创了"三合一"知识产权综合监管与保护新模式③;2015年8月,中国(福建)自贸试验区设立"三合一"知识产权局,福州片区、平潭片区分别在市场监管部门加挂知识产权局④。目前来看,地方试点符合统一市场监管体制改革的基本方向,通过"一个部门管理、一个窗口服务、一支队伍办案",实现知识产权管理职能由分散、单一向综合、整体转变,有效破解了原来的多头监管和服务困局,为中央统一决策部署提供了经验参照。

另一方面,中央从顶层设计上布局知识产权管理体制改革工作。2016年12月5日,中央全面深化改革领导小组第三十次会议审议通过了《关于开展知识产权综合管理改革试点总体方案》,习近平总书记在会上强调,要"紧扣创新发展需求,打通知识产权创造、运用、保护、管理、服务全链条,建立高效的知识产权综合管理体制,构建便民利民的知识产权公共服务

---

① 申长雨:《全面开启知识产权强国建设新征程》,《知识产权》2017年第10期。
② 易继明:《构建集中统一的知识产权行政管理体制》,《清华法学》2015年第6期。
③ 吕国强:《知识产权综合管理改革的探索与实践——以上海为视角》,《中国发明与专利》2018年第8期。
④ 李珂:《福建自贸试验区设立"三合一"知识产权局》,《福建日报》2015年5月20日。

体系,探索支撑创新发展的知识产权运行机制,推动形成权界清晰、分工合理、责权一致、运转高效的体制机制"①,明确阐述了知识产权领域深化改革的战略构想。该方案连同国务院于2015年12月18日印发的《关于新形势下加快知识产权强国建设的若干意见》②,以及2016年12月30日印发的《"十三五"国家知识产权保护和运用规划》③等,共同推动构建一种与我国创新驱动发展要求相匹配、与强化公共服务职能相一致、与国际规则接轨的知识产权管理体制。④

目前,新一轮党和国家机构改革从中央到地方政府已基本完成,知识产权综合行政体制改革仍在深化完善中。从部门分散到"二合一"体制仍然属于渐进式的改革演化路径。在统一市场监管体制下,知识产权局的行政职能如何进一步充分发挥还需要在实践工作逐步检验。由市场监管局专门队伍负责专利行政保护工作的体制机制也在磨合过程中。对地方政府而言,系统整合知识产权保护职能以及相关知识产权治理资源,对于提高政府管理效能、激励市场主体创新活力、维持公平有序的法治化营商环境大有裨益,这也是践行产权保护助力经济转型升级、经济社会高质量发展的题中之义。

第二节 国内外研究述评

地方政府的知识产权保护职能研究,主要涉及政府职能和知识产权领

---

① 习近平:《总结经验完善思路突出重点 提高改革整体效能扩大改革受益面》,《人民日报》2016年12月6日。
② 《国务院关于新形势下加快知识产权强国建设的若干意见》,载中华人民共和国中央人民政府官网 http://www.gov.cn/zhengce/content/2015-12/22/content_10468.htm,2015年12月18日。
③ 《国务院关于印发〈"十三五"国家知识产权保护和运用规划〉的通知》,载中华人民共和国中央人民政府官网,http://www.gov.cn/zhengce/content/2017-01/13/content_5159483.htm,2017年1月13日。
④ 申长雨:《全面开启知识产权强国建设新征程》,《知识产权》2017年第10期。

域,分属公共管理和法学两大学科,由此决定了这一命题具有较强的交叉性、复合性、创新性。目前,专门从地方政府职能角度研究知识产权保护问题的文献不多,本书主要从"政府职能""保护知识产权的地方政府职能""知识产权保护职能的实现机制"三个方面对既有研究文献进行述评。

一、关于政府职能

政府职能是公共行政的基础命题,与其相关的一系列概念包括政府体制、政府机构、政府职责、政府权能、政府过程等,都是政府问题研究的逻辑起点。

首先,关于政府职能的界定,中外研究成果可谓汗牛充栋,主要涉及政府管什么、怎么管、发挥什么作用的问题。①历史上比较有代表性的是,阿奎那认为政府的目的是让人们"过一种有德行的生活"②,霍布斯认为政府职能是"保障人们的天赋权利"。③国内学界比较权威的界定有,张国庆认为政府职能是"政府法定职责的总称"④,张康之认为是"政府在一定时期内基于国家和社会发展需要而承担的管理国家和社会公共事务方面的基本职责"。⑤在不同概念解释与政府职能理论运用基础上,我国学者对政府职能的研究主要从以下四个视角展开。⑥一是"制度论",探讨政府职能在整个政府改革中的重要性和紧迫性⑦,认为转变政府职能是行政体制改革的核心内容。⑧二是"权责论",即探讨政府权力、政府职能与政府职责的相互关系与运

---

① 夏书章:《行政管理学》,高等教育出版社2006年版,第40页。
② [意]托马斯·阿奎那:《阿奎那政治著作选》,马清槐译,商务印书馆1963年版,第4页。
③ [英]霍布斯:《利维坦》,黎思复、黎廷弼译,商务印书馆1985年版,第94页。
④ 张国庆:《行政管理学概论》,北京大学出版社2000年版,第84页。
⑤ 张康之:《公共行政学》,经济科学出版社2010年版,第101页。
⑥ 陈水生:《政府职能现代化的整体性建构:一个三维分析框架》,《探索》2021年第2期。
⑦ 薛澜、李宇环:《走向国家治理现代化的政府职能转变:系统思维与改革取向》,《政治学研究》2014年第5期。
⑧ 朱光磊、锁利铭、宋林霖:《构建中国特色社会主义政府职责体系 推进政府治理现代化(笔谈)》,《探索》2021年第1期。

作逻辑①,科学的政府职责体系是保障政府高效、稳健运行和形成合理府际关系的核心手段②,现在的任务是要细化各级政府的职责定位,特别是厘清省级以下各级政府的权责边界③。三是"过程论",重点研究政府职能的科学定位与转变路径④,要加深对我国政府职能转变的认识,必须将职能转变带回到具体的政府层次、经验场域以及特定的理论框架中。⑤四是"关系论",深入探讨政府与市场、社会、公民之间的关系调适⑥,普遍认为服务型政府建设是对我国政府职能的新定位。⑦这些研究成果对政府职能的科学定位、有效履行以及优化转变进行了全面系统分析。

其次,在整体性的政府职能研究基础上,引申出地方政府职能及其相关问题探讨。对于地方政府职能角色,有学者将其概括为上级政府指令、地方公共事务的代理人和追求自身政治和经济利益的自利者。⑧从职能履行实践看,地方政府的职能履行具有零散性、矛盾性与不确定性,任务是地方政府从抽象职能到具体行动的情景化变量。⑨着眼于地方政府职能转变的方向,权责清单制度是职能转变的重要载体⑩,地方政府逐渐从经济发展型政府向综合治理型政府转变⑪,要从权责梳理、职责配置、制度执行的过程中寻找突

---

① 田玉麒:《职责优化与组织调适:政府治理体系现代化的双重进路》,《社会科学战线》2020年第4期。
② 朱光磊、杨智雄:《职责序构:中国政府职责体系的一种演进形态》,《学术界》2020年第5期。
③ 朱光磊:《中国政府职能转变问题研究论纲》,《中国高校社会科学》2013年第1期。
④ 郁建兴、朱心怡:《"互联网+"时代政府的市场监管职能及其履行》,《中国行政管理》2017年第6期。
⑤ 蔡长昆:《探寻政府职能转变研究的理论框架》,《中国社会科学报》2018年8月8日。
⑥ 王浦劬:《论转变政府职能的若干理论问题》,《国家行政学院学报》2015年第1期。
⑦ 薛澜:《治理理论与中国政府职能重构》,《学术前沿》2012年第4期。
⑧ 赵静、陈玲、薛澜:《地方政府的角色原型、利益选择和行为差异》,《管理世界》2013年第2期。
⑨ 丁照攀:《"任务决定职能":重新发现地方政府的职能履行》,《甘肃行政学院学报》2021年第3期。
⑩ 赵守东、高洪贵:《地方政府权责清单制度的治理进路——以有为政府为分析框架》,《行政论坛》2021年第2期。
⑪ 陈天祥、何荟茹:《从机构改革历程透视地方政府职能转变的轨迹——基于广东省1983—2014年的实证分析》,《理论与改革》2016年第1期。

破口,发挥好多层级政府的结构优势。①同时,国内学者梳理分析了不同类别、不同层次的地方政府职能及其实现机制,包括但不限于地方政府的生态职能②、数据治理职能③、体育职能④、审计职能⑤、劳动监察职能⑥、经济职能⑦、科技职能⑧等。上述内容为本书研究提供了丰富的理论给养。

知识产权保护职能是政府职能研究较为细分的领域,相关问题研究的逻辑起点仍是政府职能的一般原理,知识产权保护职能是政府职能在知识产权治理领域的具体表现。

二、关于保护知识产权的地方政府职能

关于知识产权保护的政府职能研究成果比较多,广泛涉及政治学、法学、经济学、管理学、情报学等学科领域。国外学者对于政府知识产权管理领域的研究起步较早,成果也较为丰富,重点研究政府规制与企业知识产权管理之间的关系问题。政府知识产权管理要不断推进体系化,构建由行政部门、立法部门、法院和社会团体等共同构成的管理体系。⑨大体上,政府知识产权管理可以划分为内部管理和外部管理两个层面,前者是指知识产权行政部门的内部运行机制部门间的交互关系;后者是指政府部门对企业知识产

---

① 朱光磊、赵志远:《政府职责体系视角下的权责清单制度构建逻辑》,《南开学报(哲学社会科学版)》2020年第3期。
② 沈佳文:《地方政府生态职能:体制困境与转型诉求》,《天津行政学院学报》2016年第18期。
③ 门理想:《地方政府数据治理机构研究:组建方式与职能界定》,《兰州学刊》2019年第11期。
④ 奚凤兰:《地方政府体育职能向体育总会转移的动因、运行与完善——基于典型个案的分析》,《天津体育学院学报》2020年第35期。
⑤ 孙永军、刘洋:《地方治理中政府审计职能修复:双重障碍与消解路径》,《财会月刊》2020年第18期。
⑥ 陈家建、王伦刚:《地方政府运行中的"职能替代"现象研究——以劳动监察部门为例》,《公共管理学报》2021年第18期。
⑦ 宋林霖、何成祥:《从招商引资至优化营商环境:地方政府经济职能履行方式的重大转向》,《上海行政学院学报》2019年第20期。
⑧ 田旭、孙晓燕:《经济转轨时期地方政府的科技职能研究》,经济科学出版社2009年版,第3页。
⑨ [美]阿瑟·R.米勒、[美]迈克尔·H.戴维斯:《知识产权法概要》,周林译,中国社会科学出版社1998年版,第57页。

权管理的引导和促进。①政府通过不断整合资源,制定适合区域发展知识产权战略或相关法律规范,有利于推进知识产权研发和保护,维护产权人利益,进而增进区域经济实力②。但是,政府实施的专利保护规范应当控制在一定限度内,而且,较为宽松的监管保护规范有利于缓解企业主体的市场竞争压力。③

因知识产权制度差异,国外很少有保护知识产权的地方政府职能概念或体系,但国外学者在论及我国知识产权行政保护职能时主要持质疑和否定态度。我国加入WTO后,相关法律、法规与具体政策的出台频率明显提高,但中国的知识产权保护状况却仍然不尽如人意。④各地政府执行知识产权法律与政策的情况存在很大差异,东部沿海地区往往有较好的执行力度,而东北和西南等地区却相对较差。⑤有学者认为,中国知识产权执法松懈的核心问题是中央政府是否有权威确保地方政府实施知识产权保护。⑥如果中央对知识产权执法足够重视,就必须通过中央集权、强制力或激励条件等方式获得地方行政部门的合作与支持。⑦对于中国特色的知识产权保护"双轨制",学者指出行政保护途径缺乏执行效力以及可能会受到地方保护主义影响。⑧还有

---

① R. H. Pitkethly, "Intellectual Property Management in R&D Collaborations: The Case of the Service Industry Sector," *R&D Managerment Journal*, 2007.
② [美]朱莉·E.科恩、莉蒂亚·P.劳伦·罗斯·L.欧科迪奇:《全球信息经济下的美国版权法(上)》,王迁、侍孝祥、贺炯译,商务印书馆2016年版,第39页。
③ [美]弗雷德里克·M.阿伯特、托马斯·科蒂尔、弗朗西斯·高锐:《世界经济一体化进程中的国际知识产权法》,王清译,商务印书馆2014年版,第44页。
④ Maskus K, Dougherty S, Mertha A C. *Intellectual Property and Economic Development in China*, *Intellectual Property and Development*, *Lessons from Recent Economic Research*, Washington: World Bank Publications, 2005, p.325.
⑤ Ang J S, Cheng Y, Wu C, "Does Enforcement of Intellectual Property Rights Matter in China? Evidence from Financing and Investment Choices in the High—tech Industry", *Review of Economics and Statistics*, Vol.2, 2014.
⑥ Joseph A. Massey, "The Emperor is Far Away: China's Enforcement of Intellectual Property Rights Protection, 1986—2006", *Chicago Journal of International Law*, Vol.1, 2006.
⑦ Bryan Mercurio, "The Protection and Enforcement of Intellectual Property in China since Accession to the WTO: Progress and Retreat", *Social Science Electronic Publishing*, 2012.
⑧ Jeffery M. Duncan, Michelle A. Sherwood, & Yuanlin Shen, "A Comparison Between the Judicial and Administrative Routes to Enforce Intellectual Property Right in China", *The John Marshall Review of Intellectual Property Law*, 2008.

学者认为中国知识产权行政执法透明度不足，由于无法适用禁令制度使得行政保护强度甚弱，行政执法在证据保全方面也无法提供有效保障。①此外，中国在保护知识产权中广泛开展"专项治理"活动，这种方式反映出当前的无奈现实，其弊端及消极影响是比较明显的。②

由此，关于知识产权保护的政府职能，基本定位是政府作为宏观调控者和微观实施者在知识产权管理中要矫正市场固有缺陷、规范私权及推动对知识产权的行政保护，其具体措施包括在宏观层面制定知识产权政策与规则，并在微观层面实施知识产权行政保护。③知识产权保护是实现创新引领发展战略、推动经济高质量发展的关键因素。有学者指出我国的知识产权保护力度与经济发展速度不成正比，其中的重要原因是地方政府的执行不力，进而将地方政府激励与知识产权保护对经济增长在长短期异质性影响相结合，提出地方知识产权保护中存在的"闭环"。④地方可获得的财政收入越多，即财政压力越小，越有激励进行产权保护。⑤为了更好地发挥政府在改善知识产权保护制度环境中的基础性作用，保障权利人以更低的费用、更短的时间、更有效的方式保护其知识产权，需要充分发挥政府在知识产权保护中的制度供给职能、公共服务职能、市场监管职能和纠纷解决职能。⑥有学者进一步将地方知识产权行政管理部门的职能履行概括为做好市场监管、构建社会诚信制度、提供有效公共服务以及促进知识产权权利运用四方面工作。⑦

---

① Dan Prud'homme, "Dulling the Cutting Edge: How Patent-Related Policies and Practices Hamper Innovation in China", *European Union Chamber of Commerce in China Publications*, 2012.
② Dimitrov Martin, *Piracy and the State: The Politics of Intellectual Property Rights in China*, Cambridge: Cambridge University Press, 2009, p.156.
③ 吴汉东：《知识产权制度国际化问题研究》，知识产权出版社2016年版，第5页。
④ 马海涛、岳林峰：《知识产权保护实践中的地方政府因素》，《经济与管理评论》2020年第4期。
⑤ 潘孝挺、左翔：《地方官员激励和产权保护——基于企业微观数据的研究》，《财经研究》2012年第7期。
⑥ 李雨峰、陈伟：《优化营商环境下政府在知识产权保护中的职能》，《知识产权》2020年第7期。
⑦ 陈明媛：《论市场经济环境下知识产权行政管理部门的职能转变》，《知识产权》2015年第1期。

当前,知识产权综合管理改革是深化知识产权领域改革、破解知识产权支撑创新驱动发展瓶颈制约的关键,涉及专利技术保护的政府职能优化是其核心内容。国内学界对于地方知识产权管理工作中存在的职能配置碎片化等问题①,提出构建一种与强化政府公共服务职能相一致的知识产权集中管理体制②,知识产权行政执法体制改革需要继续强化行政保护职能、尽快健全市场监督管理职能③。

三、关于知识产权保护职能的实现机制

国外对"知识产权行政保护"(The Administrative of IPR)的研究相对较早,尤其是从国际法角度对与 TRIPs 协定相关的知识产权执法机制问题研究较为成熟,除了从不同角度介绍和评价本国知识产权行政保护现状,也对知识产权执法的国际发展趋势作出预判。在后 TRIPs 时代,知识产权执法主要集中在两个方面,即对比 TRIPs 条款更高的知识产权执法标准以及美欧等发达国家重返知识产权保护双边主义原则。④有学者强调,知识产权执法应当意味着执行平衡、例外与限制、合理使用、民事权利和反垄断。⑤还有学者对比发达国家与发展中国家的专利行政保护得出,加强发展中国家的专利执法水平能够提高发达国家的出口额,特别是对专利敏感度较高的高新技术产品(如医药、精密仪器等)的影响尤为显著。⑥此外,针对现有专利保护程序存在的追诉成本高昂问题,提出建立有关专利权异议的行政程序,

---

① 吕国强:《知识产权综合管理改革的探索与实践》,《中国发明与专利》2018 年第 8 期。
② 易继明:《国家治理现代化进程中的知识产权体制改革》,《法商研究》2017 年第 1 期。
③ 肖尤丹:《专利行政职能制度改革思路研究》,《中国科学院院刊》2016 年第 9 期。
④ Drahos P, "Expanding Intellectual Property's Empire: The Role of FTAs", *Regulatory Institutions Network*, 2003.
⑤ Susan Sell, The Global IP Upward Ratchet, "Anti-Counterfeiting and Piracy Enforcement Efforts: The State of Play", *PIJIP Research Paper Series*, 2010.
⑥ Ivus O, "Do Stronger Patent Rights Raise High-tech Exports to the Developing World", *Journal of International Economics*, 2010.

以加大行政保护的管辖权。①

国内学界对于知识产权行政保护的研究主要有两个方面。

一是从政府加强知识产权管理的角度,探讨如何优化知识产权行政保护体制机制。中国知识产权保护以司法和行政的"双轨制"为特征,司法和行政执法两类保护模式在创新激励过程中总体呈现显著互补效应。②纵观我国知识产权体制的发展演变,其规律体现为从被动应对到主动求变、从部门行政到跨部门协作、从学习借鉴到参与引导③;由过去以行政裁决为中心,到现在以行政查处为中心,再到将来以行政服务为基本理念和重心④;新时代中国特色知识产权行政保护呈现出保护目的定位在于加快实现知识产权强国,保护对象覆盖知识产权整个"生命"周期,保护空间涵盖国内与国际、区域与跨区域等多个层次,保护主体涉及党的机关、国家行政机关等多种类型,保护方式具有多元化和服务性,以及与刑事和民事等保护方式联动与互动等新面相⑤。未来我国知识产权行政管理体制改革应当重点关注部门内部管理体制协调问题、相关领域各部门之间的分工协作问题,以及中央与地方知识产权体制改革的步调协同问题。⑥

二是结合知识产权类法律法规的修订,探讨行政职能的边界。从学理而言,知识产权保护法与优化营商环境之间呈现目的高度契合、基本功能指向趋同、内容充分交融的关系,综合型知识产权保护法模式是适应优化营商环境需要的知识产权保护法模式。⑦尽管中国当前专利保护不力,但扩大专利行政机

---

① Thomas A. Hemphill. "U.S. Patent Policy: Crafting a 21st Century National Blueprint for Global Competitiveness", *Knowledge, Technology & Policy*, 2008.
② 毛昊、陈大鹏、尹志锋:《中国专利保护"双轨制"路径完善的理论分析与实证检验》,《中国软科学》2019年第9期。
③ 宋世明、张鹏、葛赋斌:《中国知识产权体制演进与改革方向研究》,《中国行政管理》2016年第9版。
④ 邓建志:《中国专利行政保护制度绩效研究》,《中国软科学》2012年第2期。
⑤ 戚建刚:《走中国特色知识产权行政保护之路》,《中国高校社会科学》2020年第6期。
⑥ 何培育、涂萌:《知识产权行政管理体制变迁及其走向》,《改革》2018年第3期。
⑦ 戚建刚:《优化营商环境与知识产权保护法研究》,《理论探索》2021年第2期。

关的保护职权将弊大于利①,从法理上而论,行政权对知识产权侵权行为亦无由过问。②在解决专利保护存在问题方面,还是应坚持专利权是私权的基本理念,行政部门没有必要在先主动查处或为权利人取证。③我国专利行政执法制度存在立法缺陷,④现行两类主要的专利行政立法文件(地方性专利法规和专利行政执法办法)均不同程度地存在越权设定行政处罚的问题⑤,《专利法》第四次修改应慎重划定行政执法权的边界。⑥也有学者从公益导向型行政保护的逻辑论证认为,需要深化对知识产权行政法制的研究,知识产权法基本结构需要调整,以及在民法典时代我国应当制定知识产权基本法⑦。

四、相关研究动态带来的启示

近年来,我国学者更多地从本土化目标出发,结合实践问题,对"政府职能""保护知识产权的政府职能""知识产权保护职能的实现机制"等方面进行研究,这对于推动我国创新和发展地方政府的知识产权保护职能具有积极意义。具体来说,研究内容主要聚焦于以下四个方面⑧:一是对知识产权政府补贴、质押融资、知识产权证券化等政策的研究⑨;二是研究政府知识产权管理具体职能,探讨知识产权行政保护职能转变问题,充分发挥政府在知识产权治理中的重要作用,处理好政府与市场的关系⑩;三是研究我国

---

① 詹映:《中国〈专利法〉第四次修改的焦点及其争议》,《中国科技论坛》2015年第11期。
② 曹博:《知识产权行政保护的制度逻辑与改革路径》,《知识产权》2016年第5期。
③ 李明德:《论我国专利制度改革的三个维度》,《知识产权》2019年第8期。
④ 金多才:《我国专利行政执法制度的完善》,《河南社会科学》2014年第3期。
⑤ 万里鹏:《我国专利行政处罚权的立法规制研究》,《广西大学学报(哲学社会科学版)》2018年第5期。
⑥ 朱雪忠、万里鹏:《信息公开视角下的专利行政处罚权研究》,《江西社会科学》2014年第9期。
⑦ 戚建刚:《论我国知识产权行政保护模式之变革》,《武汉大学学报(哲学社会科学版)》2020年第2期。
⑧ 刘滴:《我国地方政府知识产权管理研究——以A市B区为例》,南昌大学硕士学位论文,2020年。
⑨ 胡成、朱雪忠:《基于专利信号的质押融资模式、困境与对策》,《科研管理》2021年第3期。
⑩ 代表性观点:为了更好发挥政府在资源配置中的作用,应当强化知识产权行政管理机关的制度建设职能、市场秩序监管职能、弱化微观管理职能,转变知识产权治理方式和公共服务。参见陈明嫒:《论市场经济环境下知识产权行政管理部门的职能转变》,《知识产权》2015年第1期;李雨峰、陈伟:《优化营商环境下政府在知识产权保护中的职能》,《知识产权》2020年第7期。

政府知识产权管理历史进程①;四是研究政府知识产权管理体制机制完善问题,主要以知识产权机构改革为切入点,分析知识产权行政管理部门的职能优化。②这些研究内容和成果对本书研究具有较强的指导和参考价值。

可见,学界已经注意到了地方政府在保护知识产权方面存在的问题,并论及改革的必要性和可行性,但仍存在以下几个方面问题:首先,对地方政府知识产权保护制度瓶颈的分析还不够全面系统,对其改革的机制、模式等的研究也未明朗化;其次,缺少对知识产权保护职能理论方面的深入阐释,知识产权行政职能的权责体系及其背后的学理支撑仍有待探讨;再次,缺乏地方政府知识产权保护职能优化的相关政策研究。基于此,本书将重点剖析地方政府知识产权保护职能及其实现机制,围绕政府知识产权管理的机构设置、职能体系和政策措施等方面,试图全面分析我国地方政府涉及知识产权保护职能的现状、历史沿革、问题及其制约因素,并提出优化我国知识产权保护职能的对策建议。

第三节　研究内容与可能的贡献

整体上,本书从政府职能的视角来研究知识产权保护问题,有利于丰富政府职能研究的场域,有利于深化扩展知识产权制度的基础理论,有利于推

---

① 朱雪忠、胡锴:《中国知识产权管理40年》,《科学学研究》2018年第12期。
② 主流观点认为,2018年机构改革前的知识产权行政保护体制存在主体分散、职能交叉等情形,应当设立统一的知识产权行政管理机构,弱化行政裁决职能,强化公共服务职能等。具体参见吴汉东:《中国知识产权法制建设的评价与反思》,《中国法学》2009年第1期;朱一飞:《论知识产权行政执法权的配置模式》,《法学杂志》2011年第4期;易玲:《行政执法权配置多维化与知识产权行政保护》,《求索》2012年第5期;肖尤丹:《中国知识产权行政执法制度定位研究》,《科研管理》2012年第9期;李芬莲:《中国知识产权行政执法的困境及出路》,《广东社会科学》2014年第3期;丛雪莲:《中国知识产权行政管理机构之设置与职能重构》,《首都师范大学学报(社会科学版)》2011年第5期。

动知识产权治理体系和治理能力现代化。

一、研究内容

本书围绕地方政府的知识产权保护职能这一核心命题,从理论与实践相结合、历史与现实相贯通、国内与国外相比较的视角,构建知识产权保护职能的理论分析框架,阐释知识产权保护职能的履行主体和对象,以及重点分析职能履行的跨部门衔接机制、跨区域协调机制和数据赋能机制等。

第一章,对地方政府的知识产权保护职能进行理论阐释。地方政府的知识产权保护职能可理解为政府在知识产权公共事务管理中应当承担的责任和需要发挥的功能,主要回答地方政府应该做什么、做得怎么样,以及如何做得更好这三个相互联系的问题。遵循政府职能现代化的内在理路与运行逻辑,即政府职能的科学定位、履行过程与优化路径。基于此分析框架,政府职能在知识产权治理现代化中的整体性构建,可以从地方政府知识产权保护职能的科学定位、有效履行、持续优化这三个维度进行分析。在知识产权保护实践中,对地方政府的职责、作用和角色进行科学定位,合理划分中央和地方事权,形成各司其职的职责体系,这是地方政府知识产权保护职能履行的前提和基础。面对新时代新使命,地方政府知识产权保护职能履行要最终让市场创新主体满意,这就要求以知识产权行政事权为核心,满足公共服务需求,从正向激励和反向惩戒两个维度持续优化政府职能,推动知识产权治理体系和治理能力现代化。

第二章,关于地方政府知识产权保护职能主体的研究,重点探讨省级知识产权局的职责体系。省级政府是地方政府职能配置及其运转的核心,是政府知识产权职能履行最为重要的行政主体。从职能分工上看,省级政府不仅承担着贯彻落实国家法律法规、政策措施的行政任务,也承担着辖区范围内的政策制定、执行及其监督职责。具体到知识产权治理领域,省级政府的职能配置、部门设置、机制实施等方面最为完整系统。其中,省级知识产权局又处于知识产权保护职能履行的中枢地位,牵引协调其他行政部门。本书以省级政府为核心,基于全国31个省份公布的机构改革方案,从中梳理省级知识产权局的机构类型、职能配置、内设部门等情况,针对存在的体制机制瓶颈问题,提出优化省级知识产权局职能体系、提高地方知识产权综合治理效能的对策建议。

第三章,关于地方政府知识产权保护职能对象的研究,主要围绕利益相关人进行分析。在服务型政府理念下,政府履行知识产权保护职能是为市场主体服务的,知识产权保护职能的设定、实施及其优化的主要目标是让创新主体享有高品质的知识产权公共服务。在具体的职能履行过程中,与其利益相关的行政对象不仅限于知识产权权利人,还涉及潜在的和已存在的侵权人。前者是从正面保护维度上的权利人,后者是从负面惩戒维度上的行政执法相对人。一方面,职能履行不再是政府部门单向度的事情,需要权利人的配合与协助;另一方面,行政部门需要审慎对待知识产权行政执法相对人的程序权利,否则最终会减损行政执法的权威性和执法效益。本书将这两类主体统称为利益相关人,借此从职能履行的对象视角审视地方政府的知识产权保护职能问题。

第四章,探讨知识产权保护职能履行的跨部门衔接机制,主要以行政保护与司法保护"双轨制"为例。地方政府的知识产权保护职能是一个职能体系。在地方党委和政府的统筹领导下,以知识产权管理部门为枢纽,与市场监管部门、海关、法院、检察院等部门形成工作联动机制。在职能体系内部,知识产权管理部门的协调任务最重,其与司法部门衔接所形成的"双规制"保护模式始终是知识产权保护理论和实务的热点难点话题。在"双轨制"保护模式下,知识产权行政执法与司法保护的有效衔接需要明确以下基本问题:知识产权效力判定的去行政化和知识产权侵权纠纷处理的弱行政化,这是司法权对行政执法权的限制规则;知识产权行政执法权对司法审判的影响作用表现为,知识产权行政执法证据的效用以及知识产权行政执法决定的效力;知识产权行政执法与刑事司法制度之间的衔接机制包括实体性衔接和程序性衔接。由此,本书重点探讨知识产权行政执法与司法保护这一最为重要的跨部门衔接机制。

第五章,探讨知识产权保护职能履行的跨区域协调机制,主要以长三角知识产权执法协作为例。长三角区域是探讨跨区域协调机制运行的最佳范本,也是分析知识产权跨域治理及其政府职能协调的样本。长三角知识产权保护一体化发展建立在协同高效的执法协作基础之上。当前,长三角知识产权执法协作的制度建设初具雏形,形成了以联席会议为纽带、由工作协调小组牵头运行的协同运行机制,协同保护成效明显;但是,仍面临区域性立法滞后、执法联动协调机制不够顺畅、案件的法律适用标准和判罚尺度不统一,以及信息共享平台建设薄弱等困境和问题。为此,需要加快推进长三角区域的知识产权保护协同立法进程,逐步融通跨区域、跨部门执法协作的运行机制,尽快制定知识产权案件自由裁量标准,加强知识产权执法协作大数据信息监管平台建设,等等。未来,在大数据、云计算、人工智能等"互联网＋"技术手段的支撑下,区域知识产权信息将汇聚成一张庞大的数据网络,驱动知识产权保护理念创新、流程再造和能级提升。

第六章,关于数据技术如何赋能知识产权保护职能的思考。大数据是政府治理创新的动力源和体制改革的突破口,数据化思维将给知识产权行政管理体制改革带来根本性影响,使知识产权领域的精细化治理成为可能。基于数据信息的采集、共享、挖掘和运用,知识产权行政部门的市场监管职能和执法职能得以全面优化。然而,当前知识产权领域的大数据治理仍存在顶层设计不足、职能部门间衔接不畅、数据智能系统开发较慢,以及数据治理理念落后等问题。为此,知识产权管理体制改革与重塑应从政策主导向法律主导转变,围绕数据流转协调行政保护部门的"条块"关系,建立健全技术支撑体系,重塑知识产权行政权责关系。本书侧重于从数据应用的角度,思考大数据技术如何提高知识产权保护职能履行的整体效能,是对知识产权领域数据治理的前瞻性思考。

二、可能的贡献

作为交叉领域问题研究的初步探索,本书把知识产权保护问题放在政治学视域下研究,将政府职能转变、国家机构改革与地方知识产权综合行政体制改革纳入同一框架进行研究,强化了地方政府对知识产权保护应该发挥的职能作用,阐述了知识产权行政保护职能的制度机理和政策约束。

本书的理论意义在于,综合运用政治学、法学、公共管理等学科知识,对地方政府知识产权保护职能的制度机理进行本土化和精细化研究,有助于增强我国知识产权研究的科学性和系统性,有助于推进具有中国特色的知识产权行政保护制度的理论建构,有助于形成我国的知识产权自主话语与秩序,有助于深化我国政府职能转变研究的理论框架和经验场域。

本书的政策意义在于,针对地方知识产权行政保护实践中迫切需要解决的政府职能弱化、职能转变不到位、实现机制不健全等问题,对新时代知识产权强国建设中如何强化知识产权保护展开深入研究,探讨政府体系内部贯彻落实国家知识产权战略情况。依据当前政府职能改革的基本趋势和知识产权事业发展的顶层设计,地方政府应继续强化知识产权行政执法职能和公共服务职能,实现知识产权行政保护职责制度的全面改革。通过实证研究,归纳总结近年来上海市等地方政府知识产权管理改革"先行""先试"的做法和经验,发现并反思制度变迁中的难题和瓶颈,并找寻破解之道,为我国地方机构改革中知识产权管理部门的职能划转及其机制完善提供决策建议,为知识产权法律法规的立、改、废、释提供意见,为持续优化科创法治营商环境以及区域知识产权保护协调发展贡献智慧。

第一章
地方政府知识产权保护职能的理论阐释

本质上,地方政府的知识产权保护职能可理解为政府在知识产权公共事务管理中应当承担的责任和需要发挥的功能,主要回答地方政府应该做什么、做得怎么样,以及如何做得更好这三个相互联系的问题。遵循政府职能现代化的内在理路与运行逻辑,即政府职能的科学定位、履行过程与优化路径。①据此,政府职能在知识产权治理现代化中的整体性构建,可以从知识产权保护职能的科学定位、有效履行、持续优化三个维度进行分析。

第一节 知识产权保护职能的科学定位

在知识产权保护实践中,对地方政府的职责、作用和角色进行科学定位,合理划分中央和地方事权,形成各司其职的职责体系,这是地方政府知识产权保护职能履行的前提和基础。在回答这个基础问题时,要首先观照地方政府职能的一般性特征,进而分析知识产权保护职能的整体定位。

一、地方政府职能的基本内涵及其一般特性

本书中的政府是指具有行政职能的一切组织机构,既包括地方各级人

---

① 陈水生:《政府职能现代化的整体性建构:一个三维分析框架》,《探索》2021年第2期。

民政府及其工作部门,也包括政府和政府部门直属的行政机构,还包括依法承担行政职能的事业单位、党群机关、社会团体,可以用"行政系统"一词来概括,以区别于党委系统、权力机关、司法系统、群团组织等政治实体。

(一)地方政府职能的基本内涵

政府职能也称为行政职能,是政府在行政管理活动中的基本职责和功能作用。①作为行政管理体制的核心,政府职能综合反映了政府活动内容及方向,包括行使职能的手段和方式,在很大程度上决定着政府规模、机构设置、管理方式和运行机制②,以为辖区公众提供公共产品和准公共产品为依归。政府职能的变迁与转型源于政府与市场、社会的关系变化及其对政府实现更高效治理提出的要求。③政府职能通常涉及三个问题:一是政府职能定位,通常由宪法、法律确定,实质是政府的权力边界问题,即政府要做什么、不能做什么以及禁止政府做什么;二是政府职能的重心,比如服务型政府建设的重心是公共服务和社会管理;三是职能行使的方式,即政府怎么做的问题。这三者互为一体,但职能定位由于涉及合法性问题而最为根本。

在界定地方政府职能过程中,有两个关系需要对比澄清:一是职能与职责的关系。政府职能是对应于整个行政系统的整体性概念,相对宏观而难以评估;政府职责一般可以细化到某个具体的政府部门,是政府职能的制度化、具体化,是规范形态的政府职能,职责履行可以从定性或者是定量上进行规范化评估。政府职能一般转化为政府部门职责(事权)的履行,职责履行可以成为考核政府职能履行的重要方式,也是倒逼政府职能转变及职能优化的有效方式。二是职能与职权的关系。政府及其管理部门依据法定职权行使行政权力是实现行政职能最为重要的途径。行政权具有强制性、命令性等特征,直接面对社会公众的私权利,"法无授权不可为""法无禁止皆

---

① 陈向芳、江胜超:《地方政府边界:制度价值、逻辑维度与建构思路》,《中共福建省委党校学报》2018年第4期。
② 潘小娟:《中国政府改革七十年回顾与思考》,《中国行政管理》2019年第10期。
③ 沈佳文:《地方政府生态职能:体制困境与转型诉求》,《天津行政学院学报》2016年第4期。

自由"等行政理念揭示行政权与公众私权利之间的边界。

（二）地方政府职能的区域性

我国是单一制国家的行政体制，其决定了地方政府职能是对中央政府职能的延伸，服从于中央政府的统一调控和权责分解。根据我国《宪法》第105条规定："地方各级人民政府是地方各级国家权力机关的执行机关，是地方各级国家行政机关。地方各级人民政府实行省长、市长、县长、区长、乡长、镇长负责制。"可见，我国的地方政府包括以下四个层级，即省、自治区、直辖市、特别行政区；市级（自治州）；县级（自治县）；乡镇级。从权力来源上看，四级地方政府权力来源于国家权力机关，即地方各级人民代表大会；从职责上看，各级地方政府主要是执行中央政府及其上级政府的统一政策部署、法律法规；从权能上看，地方政府依法对其所辖行政区域内的公共事务进行管理、指导、协调与服务，以保障区域经济社会有序发展。《宪法》第107条规定："县级以上地方各级人民政府依照法律规定的权限，管理本行政区域内的经济、教育、科学、文化、卫生、体育事业、城乡建设事业和财政、民政、公安、民族事务、司法行政、计划生育等行政工作，发布决定和命令，任免、培训、考核和奖惩行政工作人员。"有学者将我国地方政府的职能角色进一步概括为上级政府指令、地方公共事务的代理人、追求自身政治和经济利益的自利者。[①]地方政府职能的区域性不是法定职权的差异性，而是职权履行及其效果的差异。各级政府因其资源禀赋、行政传统、干部队伍、社会发展环境等主客观因素，而呈现出政府职能运行的特殊性，这是研究地方政府职能问题的基本前提。

（三）地方政府职能的授权性

政府的职能定位通常由宪法、法律确定，实质是政府的权力边界问题，即政府要做什么、不能做什么以及禁止政府做什么，由于涉及合法性问题而

[①] 赵静、陈玲、薛澜：《地方政府的角色原型、利益选择和行为差异》，《管理世界》2013年第2期。

最为根本。我国《宪法》第3条规定,我国国家机构实行民主集中制原则,"中央和地方的国家机构职权的划分,遵循在中央的统一领导下,充分发挥地方的主动性、积极性的原则"。地方政府职能是依据宪法、法律授权或按照中央政府的授权,在其管辖范围内代为行使部分国家权力,并管理地方事务。法理上讲,地方各级政府都是国务院统一领导下的国家行政机关。《宪法》第62条规定:"全国人民代表大会批准省、自治区和直辖市的建置,决定特别行政区的设立及其制度。"第89条规定:"国务院统一领导全国地方各级国家行政机关的工作,规定中央和省、自治区、直辖市的国家行政机关的职权的具体划分,批准省、自治区、直辖市的区域划分,批准自治州、县、自治县、市的建置和区域划分。"中央政府与地方政府的权力授受关系,表现为整体和部分的关系,以及上下级隶属关系。中央对地方授权的价值导向是为了充分发挥地方政府的积极性,包括对中央与地方共享事权的有益探索,这要求地方政府正确处理好授权法定与地方政策创新之间的关系。

(四)地方政府职能的能动性

作为社会管理工作的执行者,地方政府承担着大量的微观行政管理职能,其一举一动直接涉及企业、个人的利益。[①]2010年,党的十六大提出深化行政管理体制改革,并将政府职能明确定位为经济调节、市场监管、社会管理和公共服务四项职能,这是党的历史上第一次将公共服务确立为政府的基本职能。综观改革开放40年我国行政改革的主要成就和动力,以构建人民满意的政府为发展方向,正经历着政府管理从注重管制向注重服务转变的内在逻辑。[②]

党的十九届四中全会通过的《中共中央关于坚持和完善中国特色社会主义制度、推进国家治理体系和治理能力现代化若干重大问题的决定》明确

[①] 陈向芳、江胜超:《地方政府边界:制度价值、逻辑维度与建构思路》,《中共福建省委党校学报》2018年第4期。
[②] 周光辉:《构建人民满意的政府:40年中国行政改革的方向》,《社会科学战线》2018年第6期。

提出"优化政府职责体系",要"完善政府经济调节、市场监管、社会管理、公共服务、生态环境保护等职能,实行政府权责清单制度,厘清政府和市场、政府和社会关系"。这是在新发展阶段对政府职能的重新认识和定位。政府职能必然要顺应经济社会高质量发展的转型趋势,为构建"双循环"新发展格局服务。转变政府职能的本质是要厘清政府与市场、企业、社会的关系,政府要减少不该管、管不了、管不好的事务,实现角色和权力的归位,促进政府职能向"创造良好发展环境、提供优质公共服务、维护社会公平正义"①方面转变。地方政府职能转变涉及国务院多部门及各级地方政府权力和利益的调整与再分配,这就需要重视改革的顶层设计,这对推进落实地方政府职能转变至关重要;要根据区域发展需要,制定与行政体制、政治体制、文化体制、社会体制等相适应的短期目标和中长期目标,做好地方政府职能转变的战略设计和统筹规划。②

二、政府知识产权保护职能的历史概览

虽然企业是知识产权创造、保护、运用的主体,但政府在推进、引导、服务市场主体进行知识产权管理方面具有不可或缺的作用。由于区域知识产权发展状况存在较大差异,地方政府的知识产权保护职能效用发挥参差不齐。有国外学者研究发现,我国即便在中央统一的知识产权保护法律与政策下,各地政府的执行情况还存在很大差异,东部沿海地区往往有较好的执行力度,而东北和西南等内陆地区却相对较差。③可以明确的是,地方政府在知识产权保护实践中发挥着日益重要的作用,这直接体现为对区域内创新

---

① 中共中央、国务院:《关于深化行政管理体制改革的意见》,载中华人民共和国中央人民政府网,http://www.gov.cn/gongbao/content/2008/content_946042.htm,2008年3月3日。
② 张电电、张红凤、范柏乃:《地方政府职能转变绩效:概念界定、维度设计与实证测评》,《中国行政管理》2015年第5期。
③ Ang J S, Cheng Y, Wu C, "Does Enforcement of Intellectual Property Rights Matter in China? Evidence from Financing and Investment Choices in the High-tech Industry", *Review of Economics and Statistics*, Vol.2, 2014.

主体知识产权权益的促进和保障作用。我国的知识产权制度与改革开放相同步,政府在知识产权保护中的地位变迁反映了政府职能的不断调试过程。回顾我国知识产权制度沿革,可以基本划分为以下三个阶段。

(一)政府在知识产权制度确立初期的特定历史背景下占据主导地位

改革开放初期,政府主导着知识产权保护制度的创制工作,并形成了中国特色知识产权行政保护制度的雏形。以专利制度为缩影,为适应党的十一届三中全会提出的"对内改革、对外开放"政策,党中央于1980年成立中国专利局全面负责《专利法》的起草工作。1984年,《专利法》正式颁布实施,标志着我国专利制度的正式确立,搭建了专利保护的基本制度架构。[①]鉴于当时的司法审判体系仍处于重建阶段,加之知识产权专业审判人才缺乏、专业能力不足等问题,行政执法成为知识产权保护的主要途径。这一时期我国的市场经济仍处于起步阶段,专利技术创新成果的数量和质量都不高,企业的知识产权保护意识也较为薄弱,政府投入知识产权保护的行政资源较为有限,专利保护实践局限于少量的侵权违法案件处理。

(二)政府在"双轨制"保护模式中承担重要作用

1993年8月起,随着北京、上海、广东等地中级人民法院和高级人民法院成立知识产权审判庭[②]、知识产权专门机构以及知识产权法庭,知识产权司法审判体系渐趋完备、审判力量日益雄厚,司法审判已经成为知识产权纠纷解决的主要渠道。2008年,在国务院发布的《国家知识产权战略纲要》中明确了"司法保护知识产权的主导作用",真正确立了具有中国特色的知识产权保护"双轨制"模式。相比之下,地方政府在知识产权保护中的地位相对弱化,这根源于知识产权的私权属性。以《专利法》为代表的知识产权法

---

① 1979年3月19日,原国家科委正式组建了《专利法》起草小组,负责起草《专利法》工作。《专利法》的起草前后经过25稿,历经3次波折,最后经原国家科委和专利局据理力争力排众议,呈报国务院审查;国务院常务会议进行了讨论并经过修改后,呈请全国人民代表大会常务委员会审议。参见赵元果编著:《中国专利法的孕育与诞生》,知识产权出版社2003年版,第41页。

② 李明德:《关于我国知识产权法院体系建设的几个问题》,《知识产权》2018年第3期。

律法规是私法,主要是调整平等主体之间的民事财产关系,私法的意思即自治原则在很大程度上是限制公权力对私人事务的直接干预。这体现在《专利法》历次修改中,就是赋予司法保护的终局效力、给予权利人选择纠纷解决途径的自主权、限制专利行政执法行政裁决权等。知识产权行政保护更多的是针对群体侵权、重复侵权等恶意侵权行为,运用行政处罚的手段遏制知识产权侵权违法行为,是对违反知识产权管理秩序、侵害社会公共利益的规制。"双轨制"模式形成之后,政府在知识产权保护实践中的地位发生显著变化,这也受到政府职能转变、"放管服"改革等背景影响,政府仅是知识产权保护诸多因素中的一种而不是唯一选项。相应地,政府的知识产权保护职能也有一个逐步调试以适应知识产权事业发展的过程。最为直观的反映是,《专利法》《商标法》《著作权法》等历次修改都是从顶层设计上重新厘定政府在知识产权保护中的角色定位。

(三)政府在新发展阶段夯实知识产权保护的基础性地位

为贯彻新发展理念,地方政府在新发展阶段的中心任务是推动经济社会的高质量发展。在知识产权领域,政府通过职能发挥,促进创新主体更多地产出高价值知识产权成果,同时其高价值成果能够获得及时有效的保护。反映在知识产权侵权案件处理中,核心环节是知识产权权属认定、知识产权的权利范围以及是否侵权的判定,这都可以由政府知识产权主管部门得以证明。以专利保护为例:

首先,在专利权属认定方面,我国的专利授权制度采先申请原则,专利授权、转让、许可登记等涉及权利法律状态的重大事项都必须由专利管理部门授权或审核通过,这是国家鼓励发明公开与私人专有权之间实现利益平衡的机制设计。政府及其职能部门在专利授权确权过程中发挥决定性作用,这是与司法保护最为根本性的区别,即便是通过法官启动专利无效宣告机制以纠正专利授权瑕疵,也是以国家知识产权授权文书及其在先法律事实要件作为主要依据。专利授权是专利保护制度的逻辑起点,政府在其中发挥的基础性作用深刻影响着专利制度的发展方向。

其次,在是否侵权的判定过程中,专利主管部门可以承担专利侵权的举证责任,即由行政部门主动查处涉案侵权产品是否侵犯现有专利权人利益,这相比于司法保护中冗长的诉讼周期、烦琐的诉讼程序以及较高的证明责任标准,具有成本低、周期短的天然优势,尤其是对于案情简单、当事人主体争议不大的纠纷案件处理效果较好。在此过程中,政府及其职能部门充当了维护正常市场竞争秩序的监督人,对于充分激发市场主体维护自身权益的积极性大有裨益。相应地,政府积极作为也是为了更好地优化产权保护的法治化营商环境。根据国家知识产权局《2019 年专利调查报告》显示(见图 1-1)①,"希望专利管理机关主动执法查处侵权行为"的专利权人占比高达 55.6%,"向专利管理机关举报,如拨打举报投诉电话"的专利权人占比也达到了 50.7%。可见,地方政府的专利保护职能发挥具有广泛的实践基础和制度优势。

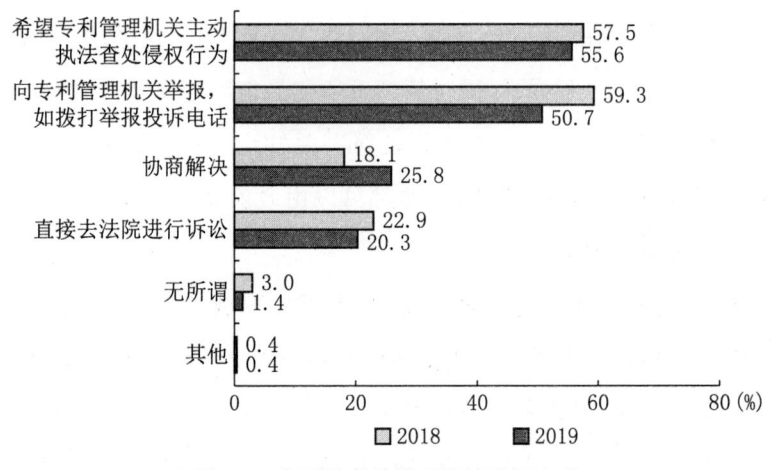

图 1-1　专利权人希望采取的维权方式

---

① 国家知识产权局知识产权发展研究中心:《2019 年中国专利调查报告》,参见国家知识产权局官网统计报告,载中华人民共和国国家知识产权局官网,https://www.cnipa.gov.cn/module/download/down.jsp?i_ID=40213&colID=88,2019 年 12 月。

最后,政府在专利保护中的基础性地位还特别表现在行政立法过程中。专利保护是一个开放的制度体系,《专利法》居于核心地位,而由中央和地方政府部门颁布实施的行政法规、部门规章和地方性法规是重要的配套制度,是对贯彻落实《专利法》法治精神和抽象条文的有力支撑。比如国务院颁布的《专利法实施细则》、国家知识产权局发布的《专利行政执法办法》以及地方省级政府颁布的《专利保护条例》等规范性文件,一起构成了专利保护的规则体系。

综上,政府在知识产权保护中仍将长期发挥基础性作用,尤其是在保护制度供给有效性方面和知识产权授权确权认定方面,与司法保护相辅相成、一体运作。未来,随着政府不断深化知识产权领域改革,知识产权公共服务职能和市场监管职能会逐步得以强化,政府在知识产权保护中的职能边界也会相应调整。

三、地方政府知识产权保护职能的现状:基于事权划分的规范分析

党的十九届四中全会通过的《中共中央关于坚持和完善中国特色社会主义制度、推进国家治理体系和治理能力现代化若干重大问题的决定》(简称《决定》)指出,"适当加强中央在知识产权保护、养老保险、跨区域生态环境保护等方面的事权",首次以列举方式规范事权划分,凸显知识产权保护央地事权划分的重要性和必要性。知识产权保护是全国统一大市场的核心工作主题,既要保证知识产权保护的有效性和经济性,又不能各自为政、分割市场,必须由中央统一承担、统一管理。[①]知识产权事权划分的实质是中央和地方知识产权管理部门的职能界定,也是中央与地方关系的一个缩影。

从现有文献看,关于央地事权划分的研究成果丰硕,主要侧重于政府实

---

① 楼继伟:《坚持现代财政制度主线 完善中央地方财政关系》,《财政研究》2020年第2期。

际财政支出的财政学框架、以国家限制组织体系为对象的国家结构形式分析和围绕央地关系的动态演变而展开的政治互动探讨。①但是,关于某一领域事权的研究不多,在知识产权领域更是鲜见事权划分的相关论述。事权划分涉及多个学科、领域和维度,既是具体法律问题,又属于财政问题,更涉及高阶政治问题。按照"党的主张依据法定程序转化为国家意志"的党导法治进路,亟须从理论上厘清知识产权保护事权的内涵、划分依据、关系范畴等,为推进知识产权治理体系和治理能力现代化提供支撑。总体上,学界关于央地事权划分的一般性理论分析框架较为丰富②,基于学科领域和研究视角的不同而各有侧重。在诸多划分标准中,事务本质理论已为实践所采用,事权的核心是有自主决断的权力,而不是泛泛而论的负责实施或者管辖的事项。所谓决断,在立法上,体现为创制立法;在行政上,表现为能够决定政策走向、权衡并组织实施,具有和行使相应的公共权力,并受上级的指导和监督。事权划分的关键是解决职责的分工,在此基础上,通过立法固定下来并赋予相应的权限。③

需要说明的是,理论意义上的事权包括立法事权、行政事权和司法事权④,本书侧重于纵向层面的央地立法事权和行政事权,且主要聚焦于在本轮知识产权机构改革中影响范围最大、争议问题最多、与知识产权局职能定位最为密切的专利保护事权。我国单一制与中央集权的特征决定了中央与地方的专利保护事权划分基本原则体现在《专利法》《专利法实施细则》等中央立法规定中。在此前提下,与专利保护有关的地方性法规、政府规章等地

---

① 王浦劬:《中央与地方事权划分的国别经验及其启示——基于六个国家经验的分析》,《政治学研究》2016年第5期。
② 学界代表性观点:郑毅提出"委托—代理"理论、公共产品层次性理论、博弈理论、市场经济理论、公共需求理论、制度变迁与体制创新理论等近10种;王浦劬将上述理论进一步归纳为财政进路、宪制进路和政治进路3种,并延伸出"事性依据"的划分逻辑;余凌云梳理了目前的事权划分标准后,认为"事务本质理论"最为简洁明了,也为实践采用。详见郑毅:《中央与地方事权划分基础三题——内涵、理论与原则》,《云南大学学报(法学版)》2011年第4期。
③ 余凌云:《警察权的央地划分》,《法学评论》2019年第4期。
④ 刘剑文、侯卓:《事权划分法治化的中国路径》,《中国社会科学》2017年第2期。

方立法得以细化规定地方事权。实践中,在中央和地方立法规定之外,以"三定方案"为典型代表的规范性文件以其清晰的职能架构、职权职责划分、内设机构设置以及人员编制等内容,也发挥着重要的事权规范作用。据此,笔者分三个层次进行梳理:一是结合特定关键词或表述方式,从中央立法规定中筛选出较为明显的中央事权、地方事权以及中央和地方共同事权;二是地方专利立法中的专利保护事权规定;三是中央和地方知识产权行政部门"三定方案"中的专利保护事权规定,以此揭示中央与地方专利保护事权划分的实际情况。

(一)中央立法规定中的专利保护事权划分

中央涉及专利保护事权划分的法律法规主要是《专利法》《专利法实施细则》,以及《专利行政执法办法》(2015)、《专利代理管理办法》(2019)等部门规章。《专利法》第3条[①]规定了事权划分的基本原则,即国家知识产权局负责全国的专利工作,统一受理和审查专利申请,依法授予专利权;省级知识产权局负责本行政区域内的专利管理工作。据此,专利保护事权划分可以归类如下:

1. 中央事权

(1)专利申请的审查和批准(《专利法》第4章),专利权的转让(《专利法》第10条)、实施许可(《专利法》第6章)、权利评价(《专利法》第61条)等涉及专利权法律状态的规定内容属于中央事权。与之相应,《专利法实施细则》作为行政法规,主要是对国务院专利行政部门依法行使中央事权的细化规定,并明确专利保护的地方事权主体[②]。

---

① 参见《专利法》第3条:国务院专利行政部门负责管理全国的专利工作;统一受理和审查专利申请,依法授予专利权。省、自治区、直辖市人民政府管理专利工作的部门负责本行政区域内的专利管理工作。
② 参见《专利法实施细则》第79条:专利法和本细则所称管理专利工作的部门,是指由省、自治区、直辖市人民政府以及专利管理工作量大又有实际处理能力的设区的市人民政府设立的管理专利工作的部门。

（2）国务院专利行政部门对地方专利行政部门"处理专利侵权纠纷、查处假冒专利行为、调解专利纠纷"进行业务指导的职责。①

（3）管理专利工作的部门对当事人请求处理专利侵权纠纷、调解专利纠纷、查处假冒专利行为的管辖权发生争议，在无共同上级管理部门的情况下，由国务院专利行政部门指定管辖。②

2. 地方事权

现行法律法规对地方专利事权的规定主要是专利行政执法权的具体实施，一般明确规定"管理专利工作的部门处理"，包括依据当事人申请处理专利侵权纠纷、应当事人请求对侵权赔偿数额进行调解、依法查处假冒专利行为以及采取相应执法强制措施等。

3. 中央和地方事权

（1）颁发专利行政执法证件。《专利行政执法办法》第4条规定，专利行政执法人员应当持有国家知识产权局或者省级人民政府颁发的行政执法证件，以及执法人员执行公务时的着装要求，属于中央与地方分享的事权。这是为了严格落实行政执法责任制，在中央统一规定下，由地方结合实际规范专利行政执法工作。

（2）处理、查处"有重大影响的专利侵权纠纷案件、假冒专利案件"。根据《专利行政执法办法》第5条，国家知识产权局在"必要时可以组织有关管理专利工作的部门处理、查处"有重大影响的专利侵权案件，也可以报请"协调处理或者查处"跨省域的重大案件。

（3）监管专利代理工作。《专利代理管理办法》第2条规定，国家知识产

---

① 参见《专利法实施细则》第80条，国务院专利行政部门应当对管理专利工作的部门处理专利侵权纠纷、查处假冒专利行为、调解专利纠纷进行业务指导。
② 《专利法实施细则》第81条，管理专利工作的部门对管辖权发生争议的，由其共同的上级人民政府管理专利工作的部门指定管辖；无共同上级人民政府管理专利工作的部门的，由国务院专利行政部门指定管辖；《专利行政执法办法》第29条，无共同上级人民政府管理专利工作部门的，由国家知识产权局指定管辖。

权局和省级政府管理工作的部门依法对专利代理机构和专利代理师进行管理和监督。基于维护专利代理行业正常秩序、促进代理行业健康发展的行政任务，专利代理监管工作属于共同事权，包括专利代理公共信息服务、专利代理行业组织规范、专利代理机构和专利代理师工作的检查监督，以及专利代理违法行为处理等方面。

（二）地方立法中的专利保护事权规定——以《湖北省专利条例》为例

在地方性立法层面，《湖北省专利条例》是对地方专利保护事权的细化规定（见表1-1）。通过梳理，涉及专利保护事权的主体共有10个：省人民政府，省国防科技工业主管部门、专利管理部门，省人民政府专利管理部门，县级以上人民政府，县级以上人民政府及其有关部门，县级以上人民政府管理专利工作的部门（简称"专利管理部门"），县级以上人民政府有关部门，教育主管部门，专利管理部门和知识产权维权援助机构，以及经济技术开发区、保税区、自由贸易试验区等各类园区。事权主体可进一步归为三个层级，即省级政府及其主管部门、县级以上政府及相关工作部门、部分特定职能部门。事权内容涵盖地方政府管理专利事务的各个方面，从具体行政行为的类型上看，上述事权主体的行政方式包括但不限于行政奖励、行政指导、行政计划（规划）、行政服务、行政资助、行政扶持、行政补贴、行政协调、行政预警等新型的柔性行政执法方式，以及行政裁决、行政处罚、行政调解、行政强制等传统行政执法方式。

按照专利技术创造、运用、管理、保护的全生命周期，《湖北省专利条例》规定的地方专利保护事权可以概括为以下四个方面：激励高价值专利创造，扶持专利密集型产业发展，推动专利产出提质增量；指导、帮助市场主体建立健全专利运营机制，促进专利交易转化；推动专利公共服务体系和公共平台建设，统筹专利政策制度谋划设计；依法履行专利行政执法权，协调跨部门执法衔接活动，建立健全海外维权援助机制等。其中，大部分地方专利事权主要由县级以上人民政府及其专利管理部门行使，部分行业特色事权由相应职能部门单独履行或与专利管理部门配合实施。比如，涉及国家安全、保密性质的国防专利创新转化工作由省国防科技工业主管部门牵头推动；教育主管部门与学校、新闻媒体等部门加强专利宣传教育，普及专利知识，营造鼓励创新创业的社会环境；统计部门将关键专利指标情况纳入国民经济和社会发展统计范围等。总体上，事权主体界定较为清晰，但也存在"有关部门"的模糊规定。

表 1-1 《湖北省专利条例》专利事权类型化表格

事权主体	事权内容
1. 省人民政府	设立湖北专利奖，对作出突出贡献的单位或者个人给予奖励（第7条第1款）；建立健全海外知识产权争端处理机制，支持建立海外知识产权维权服务中心（第45条第2款）；每年发布全省专利发展情况报告（第46条第3款）
2. 省国防科技工业主管部门、专利管理部门	推动科技协同创新，实现国防专利、民用专利的信息共享和双向转化（第23条第2款）
3. 省人民政府专利管理部门	负责涉外、跨市（州）的和在全省范围内有重大影响的专利侵权纠纷处理（第26条第2款）；建立健全专利综合服务平台（第39条第1款）；建立专利人才数据库，加强专利人才培训基地建设（第47条2款）
4. 县级以上人民政府	将专利工作纳入国民经济和社会发展规划，制定和实施专利发展战略，健全专利工作体系，加大专利经费投入，促进专利事业发展（第4条）；制定激励、保障措施（第7条第2款、第8条、第9条、第17条）；培育具有地方特色和比较优势的专利密集型产业（第20条）；建立健全专利投融资综合服务体系（第21条）；建立军民融合的专利管理体制机制（第23条）；建立健全专利行政执法与司法衔接机制（第25条）；建立健全专利指标体系（第46条第1款）；制订和实施专利人才培养计划（第47条）
5. 县级以上人民政府及其有关部门	加强专利宣传教育，营造尊重知识产权、激励创新创业的社会环境（第6条）；培育专利服务市场（第40条第1款）；建立健全重大科技经济活动专利评议制度（第43条）；将专利申请量、授权量等专利指标和专利发展情况纳入国民经济和社会发展统计范围（第46条第2款）

续表

事权主体	事权内容
6. 县级以上人民政府管理专利工作的部门（简称"专利管理部门"）	依法处理专利侵权纠纷，查处假冒专利、重复侵权等违法行为，调解专利纠纷（第24条、第26条第1款、第28条、第29条、第30条、第31条、第32条）；建立健全专利信用档案制度（第34条）；在大型零售企业、展会场所设立专利监督平台（第36条第2款）；建立专利违法行为举报处理机制（第38条第2款）；建立专利信息共享机制（第39条第2款）；对专利服务机构及其从业人员进行监督和管理（第40条第2款、第51条）；建立健全专利预警机制（第44条）；建立社会化专利维权援助机制（第45条第1款）
7. 县级以上人民政府有关部门	加强对财政资金支持项目的专利管理（第10条）；指导、帮助中小微企业、初创企业建立健全专利管理制度，为其提供办公与生产场所、融资、信息、技术咨询等方面服务（第11条第3款）
8. 教育主管部门	制定具体办法鼓励在校学生开展发明创造、申请专利（第18条第1款）
9. 专利管理部门和知识产权维权援助机构	为交易平台运营商处理专利纠纷给予必要的专业指导和帮助（第35条第2款）
10. 经济技术开发区、保税区、自贸区等各类园区	开展知识产权综合管理改革，建立健全知识产权综合管理体制和知识产权公共服务体系，探索建立重点产业专利导航制度和快速协同保护机制（第42条）

资料来源：根据湖北省知识产权官方网站登载的《湖北省专利条例》（2017年修订）文本进行统计梳理。篇幅所限，概括表述事权内容。

（三）"三定方案"中的专利保护事权规定

与地方专利立法相对应，本书选取湖北省知识产权局与湖北省孝感市市场监督管理局（知识产权局）制定的"三定方案"作为分析样本，纵向比较中央、省、市三级专利管理部门的事权划分实际情况（见表1-2）。本书重点对比分析"知识产权战略和发展规划""知识产权保护""知识产权运用"以及"知识产权公共服务"四项事权的划分。

1. 知识产权战略和发展规划

国家知识产权局负责拟定和组织实施国家知识产权战略纲要、全国层面的知识产权发展规划、政策法规等；省级知识产权局负责贯彻实施国家知

表 1-2 中央、省、市三级专利管理部门"三定方案"主要内容比较

主体 类型	国家知识产权局	湖北省知识产权局	孝感市市场监管局（知识产权局）
知识产权战略和发展规划	拟定和组织实施国家知识产权战略；拟定加强知识产权强国建设的重大方针政策和发展规划；拟定和实施强化知识产权创造、保护、运用的管理政策和制度	贯彻执行国家知识产权相关法律法规；起草知识产权地方性法规、省政府规章草案；拟定知识产权强省建设政策措施和发展规划；拟定和实施强化知识产权创造、保护、运用管理政策措施和制度；会同有关部门组织制定实施知识产权战略	贯彻执行国家和省市场监督管理的方针政策、决策部署和有关法律法规；拟定市场监督管理规范性文件，组织实施质量强市、食品安全、标准化和知识产权等战略；拟定并组织实施有关规划，规范和维护市场秩序等
知识产权保护	拟定严格保护商标、专利、原产地理标志、集成电路布图设计等知识产权制度并组织实施；组织起草相关法律法规草案，拟定部门规章，并监督实施；研究鼓励新领域、新业态、新模式创新的知识产权保护、管理和服务政策；研究提出知识产权保护体系建设方案并组织实施，推动建设知识产权保护体系；负责指导商标、专利执法工作，指导地方知识产权争议处理、维权援助和纠纷调处	推动知识产权保护工作体系和信用体系建设；研究鼓励新领域、新业态、新模式创新的知识产权保护、管理和服务政策；会同有关部门建立知识产权保护协作机制；指导知识产权争议处理、维权援助以及纠纷调处；负责处理专利侵权及其他纠纷的行政裁决；承担原产地地理标志、官方标志和展会的知识产权相关保护指导工作	推动知识产权保护体系、信用体系和保护协作机制的建设；指导知识产权争议处理、维权援助以及纠纷调处；组织开展知识产权领域案件的查处
知识产权运用	拟定知识产权运用和规范交易的政策，促进知识产权转移转化；规范知识产权无形资产评估工作；负责专利强制许可相关工作；制定知识产权中介服务发展与监管的政策措施	拟定知识产权运用和规范交易政策，促进知识产权转移转化；规范知识产权无形资产评估工作；承担专利强制许可相关工作；制定知识产权中介服务发展与监管政策措施；负责知识产权中介服务业监管	组织实施知识产权运用和规范交易政策措施，促进知识产权转移转化；实施知识产权中介服务和监管，推动地方和企事业单位知识产权工作

续表

主体类型	国家知识产权局	湖北省知识产权局	孝感市市场监管局（知识产权局）
知识产权公共服务	负责建立知识产权公共服务体系；建设便企利民、互联互通的全国知识产权信息公共服务平台，推动商标、专利等知识产权信息的传播利用	负责建立知识产权公共服务体系；建设便企利民、互联互通的全省知识产权信息公共服务平台，推动商标、专利等知识产权信息的传播利用	承担原产地地理标志、官方标志以及商标专利等知识产权信息的传播利用工作

资料来源：表格根据国家知识产权局、湖北省知识产权局和湖北省孝感市市场监管局官方网站公布的"三定方案"部门职责内容进行梳理。本表仅列出国家、省、市三级知识产权管理部门均有事权规定的"知识产权战略和发展规划""知识产权保护""知识产权运用"以及"知识产权公共服务"，其他职责或是国家知识产权局专属职责（如"知识产权审查注册"）、或是省级知识产权管理部门的地方职责（如"指导和推动地方和企事业单位知识产权工作"）、或是"统筹协调职能""兜底规定"等不在文中讨论。

识产权相关法律法规，并起草知识产权地方性法规、政府规章以及拟定省级知识产权政策措施和发展规划；市级知识产权管理部门一般是市市场监督管理部门的挂牌机构，相关知识产权内设机构贯彻执行国家和省级知识产权知识产权战略规划、政策法规等，具备一定的规范性文件拟定权限，但主要是负责执行。

2. 知识产权保护

国家知识产权局主要行使立法事权，行政事权只是指导知识产权行政执法工作；省知识产权局负责省级知识产权保护工作体系、标准、政策制定，指导知识产权行政执法工作以及行使专利行政裁决权；市级知识产权管理部门推动知识产权保护体系、信用体系和保护协作机制的建设，指导知识产权纠纷解决，实施具体的行政查处工作。

3. 知识产权运用

省知识产权局与国家知识产权局的职责规定基本相同，核心内容是知识产权运用和交易政策拟定、规范无形资产评估工作、承担专利强制许可工作以及制定知识产权中介服务发展与监管的政策措施；市级知识产权管理部门负责实施知识产权运用和转移转化政策,以及监管知识产权中介服务。

4. 知识产权公共服务

国家知识产权局和省知识产权局分别承担全国和全省的知识产权公共服务体系建设,国家、省、市三级知识产权管理部门共同推动知识产权信息的传播利用。

(四) 现有规范中专利保护事权划分的评价

上述梳理,可以基本反映目前我国专利保护领域的事权划分状况,并进一步提炼出事权划分存在的问题。

1. 中央层面的立法文本不完善

这主要表现为立法内容的相对缺失以及制度规定不清楚,使得诸如"三定方案"制度文件实质上承担起明确专利保护事权的任务,这容易产生以下风险:地方政府在专利事权规定方面有较大的能动空间,尤其是"三定方案"的制定标准不一,存在事权配置的重叠现象;法律法规缺位,管理实践中以政策、规范性文件或内部管理制度为准;专利保护事权划分的格局不稳定,削弱或虚置部分中央事权的实施效益。比如,现行法律法规最为欠缺的是关于专利权运营转化以及公共服务方面的事权规定,《专利法》《专利法实施细则》有关中央和地方专利保护事权规定很少涉及运营转化和公共服务方面的内容,但随着政府职能转变、营商环境优化、党和国家机构改革对专利管理部门赋予新的职责与任务,制度供给不足与市场创新主体对优质高效的知识产权公共服务需求不相匹配。某种程度上,"三定方案"类的规范性文件缓解了制度供求矛盾,但亟须上位法依据。2020 年 7 月 3 日,《专利法修正案(草案二次审议稿)》在现行法第 16 条增加 1 款:"国家鼓励被授予专利权的单位实行产权激励,采取股权、期权、分红等方式,使发明人或者设计人合理分享创新收益";增加 1 条,作为第 48 条:"国务院专利行政部门、地方人民政府管理专利工作的部门应当会同同级相关部门采取措施,加强专利公共服务,促进专利实施和运用。"①这些修订条款就是弥补专利保护事权规定的法律文本缺失问题。当然,地方性专利立法也是专利保护事权的重要依据,正如《湖北省专利条例》对涉及专利保护职能的各级地方政府及其相关部门作出规定,但毕竟是对地方专利事权的细化规定,未能解决中央和地方事权划分的标准统一、衔接协调的问题。

2. 事权划分模糊

一方面,在中央立法层面,中央和地方共享的专利事权规定有个别条款存在冲突。比如,《专利行政执法办法》第5条规定国家知识产权局在必要时可以介入对有重大影响的专利侵权案件进行处理,与《专利法》仅赋予国务院专利行政部门对地方专利行政部门实施专利行政执法工作进行业务指导的职责相冲突,即法律法规将具体的专利行政执法权赋予地方管理专利工作的部门,国家知识产权局不享有直接的专利行政执法权。可见,现行立法对于"有重大影响的专利侵权案件处理"究竟是中央事权还是地方事权并未明确。《专利法修正案(草案二次审议稿)》增加第70条规定"国务院专利行政部门可以应专利权人或者利害关系人的请求处理在全国有重大影响的专利侵权纠纷",有望解决这一权限冲突问题。另一方面,表1-2所列的"三定方案"仍未明确具体的事权配置,事权划分的"上下一般粗""上行下效"的做法导致各级专利保护事权规定的同质化现象较为明显。中央、省、市三级专利管理部门分享着相近甚至是相同的具体事权,对同一事权的相似规定最终绑定了中央和地方政府的专利管理部门,形成了事实上的"共同责任"或是"连带责任"。比如,对"知识产权运用",三级知识产权管理部门均负有拟定和实施政策措施的职责,"三定方案"规定的具体内容也基本相近。这种不清晰规范可能是各级政府均负有促进专利运用职责而有意为之。但是,以事权划分的经济标准审视,大量共享事权势必带来财政资金的重复投入,

---

① 全国人民代表大会常务委员会:《关于修改〈中华人民共和国专利法〉的决定》,载中国人大网 http://www.npc.gov.cn/npc/c12435/list_15.shtml,2020年11月15日。

这不符合效率导向的经济标准;以法律标准衡量,事权规定的同质化也会导致权责分离、消极作为或推诿卸责,难以有效约束和激励政府部门积极履职尽责。

3. 事权划分不合理

在专利保护领域,事权划分不合理的典型表现:一是本应由中央或上级政府承担的事权和支出责任被配置给地方或市(县)级政府,如建立海外知识产权争端处理机制以及建立海外知识产权维权援助中心等涉外事宜,要求省级政府承担配套资金统筹推进较为困难,因其受益范围较广,显得事权支出责任与受益范围不匹配;对于专利保护工作体系、信用体系的建设以及专利实施的强制许可工作,更适宜由中央或省级政府负责。二是本应由地方政府承担的事权和支出责任中央同等介入。如表1-2所示,国家知识产权局有"负责专利强制许可相关工作"的事权,省知识产权局有"承担专利强制许可相关工作"的事权,"负责—承担"的表述方式实际上淡化了事权责任主体。这根源于前文所述的事权规定同质化问题。

综上可以得出一个基本判断:中央和地方的专利保护事权划分依然不够清晰,法治化建构程度不高。为了充分发挥中央和地方两个积极性的治理优势,在法律文本不够完善的前提下,自中央到地方各级知识产权管理部门依靠大量的政策和红头文件推动知识产权保护体制及其实施机制的探索创新,同时足以容纳知识产权领域改革过程中的制度试错。比如,近些年地方政府普遍试行的专利奖励激励政策,因其可能催生大量低质量且不具备实施效力的专利申请而广受质疑,由于缺乏上位法依据,这些政策制度可以适时调整而适应新的专利事业发展趋势。然而,随着知识产权强国战略的实施,以及国家治理体系与治理能力现代化对知识产权治理领域提出的高质量要求,亟须从制度层面提高专利保护事权划分的法治化水平,从而更好调动地方政府在知识产权治理方面履职尽责的积极性。

四、地方政府知识产权保护职能界定的学理构想

通常意义上,知识产权保护职能是指政府在管理知识产权事务过程中应有的职责和功能,是为满足社会公众保护知识产权需求、维护涉及知识产权的国家和社会公共利益,以及弥补市场机制无法有效提供知识产权公共产品的政府管理行为。在知识产权"大保护"格局下,政府的知识产权保护职能不局限于狭义的行政执法保护,而是致力于构建起涉及知识产权全生命周期的政策法律制度体系及其运用实施体系,包括但不限于政府要为强化知识产权保护工作提供基本的政策法规框架,制订促进知识产权事业发展的战略规划,为知识产权资源的优化配置提供指导服务,等等。依据职能法定原则,知识产权保护职能以宪法、法律、行政法规为基础,以党中央、国务院出台的规范文件为补充,并根据地方性法规和相关规范性文件予以确定。总体上,知识产权保护职能的具体内容涵盖范围越来越广,但始终围绕党和国家发展大局,贯彻落实国家创新驱动发展战略、知识产权强国战略、科技自立自强等战略举措。

(一)现代政府基本职能的视角

从现代政府的基本职能审视,知识产权保护职能主要包括以下四方面内容。

1. 为知识产权的创造、确权、转化、运用提供基本的制度框架

在专利保护法律体系中,政府立法在其中占据相当大的比重。《专利法》为专利保护工作确立了基本的法治框架,在此之下,国务院颁布《专利法实施细则》、国家知识产权局以及相关部委出台的专利保护部门规章,以及地方省级政府出台的地方性法规,构建起了一整套有效率的专利保护制度体系,为市场主体提供基本的博弈规则。

2. 为知识产权保护制定政策措施

2019年11月24日,中共中央办公厅、国务院办公厅印发《关于强化知

识产权保护的意见》,要求各地区各部门结合实际认真贯彻落实,从"严保护""快保护""大保护""同保护"各个层面,为今后一个时期我国知识产权保护工作确立了基本的政策导向。相比于法律法规,由政府主导并推动实施的政策措施具有较强的时效性、针对性、便捷性,集中体现了有为政府的施政理念,向市场主体释放了强烈明确的政策信号。

3. 引导的构建知识产权保护共治体系

行政保护、司法保护、仲裁调解、公证认证、行业自律、社会监督、人大监督等,共同构筑起知识产权"大保护"格局。鉴于行政资源的有限性,政府旨在凝聚保护合力,形成齐抓共管的联动机制,包括搭建保护平台、出台相关财税激励政策、跨部门跨区域的沟通协调、网络信息化建设、诚信档案和惩戒机制、标准化和企业合规等内容。

4. 营造良好的国内外保护环境

随着知识产权强国建设和创新经济的蓬勃发展,知识产权要素已经渗透经济社会各领域,保护知识产权就是保护创新、保护创新经济,这种"泛知识产权"理念已然成为国内外政府治理的共识。政府不仅要在国内积极营造保护知识产权的良好社会氛围,还要健全涉外沟通机制,塑造知识产权同保护优越环境。这就需要更大力度地加强知识产权保护国际合作,加强对国内企业知识产权的海外维权援助服务,健全涉外知识产权协调和信息获取机制等。尤其是在日益严峻复杂的国际知识产权争端和利益博弈格局下,亟须我国政府积极开展知识产权外交活动,维护知识产权领域的国家安全。

(二)有效市场和有为政府相结合的视角

从更好发挥有效市场和有为政府相结合的视角,职能问题探讨的目的就是更好地处理政府与市场的边界关系。从国外来看,世界上的知识产权保护强国都高度重视政府职能的问题。比如美国:知识产权立法更新快,保护和处罚力度大,根据新技术及时更新法律法规,为新技术发明和创造提供更完整的保护体系;知识产权协调部门地位高,综合执法协调有力,设置了由白宫直接任命的知识产权协调机构,2009年任命了首任知识产权协调员,负责监督和协调国务院、国土安全部和司法部等多个部门开展打击知识产权侵权工作;政企交流渠道多,在制订知识产权政策前,美国知识产权协调员召集利益相关者召开圆桌会议,为政策利益相关人员和行业提供反映诉求的途径;知识产权意识强、培训针对性强,美国专利商标局下设全球知识产权学院,提供知识产权专业培训,为中小企业提供远程学习培训;等等。① 还比如日本:放眼国际市场,主动融入以美欧主导的专利体系,注重向企业宣传全球资讯和知识,大力发展新兴产业,提升知识产权的国际竞争力;鼓励各类知识产权服务机构发展,涵盖知识产权创造、保护、运用的各个环节,包括政府背景的专利转化中心、信息平台等,利用成果转化机构推进知识产权产业化;等等。②

随着政府改革的不断深入,政府职能由以政治职能为重心转变为以经济职能为重心,由偏重经济职能转变为更加注重社会管理和公共服务职能。③ 相应地,政府职能转变进程中的知识产权保护职能的重心体现在以下三种职能上。

1. 从制度供给职能看,主要是知识产权行政立法和规范性文件的制定

政府在知识产权保护制度创新和实施中的作用尤为重要。比如,政府推动《专利法》的修订完善工作,在历次《专利法》修订过程中国家知识产权局都是重要的参与者,主导着《专利法》修订草案的起草、论证、征求意见、反馈等多个立法环节;国务院、知识产权行政管理部门还直接担负制定与专利保护相关的行政法规和部门规章,做好与《专利法》实施的配套协调工作;地方政府在省级层面负责制定实施本省域范围内的专利保护规则,大量的规

---

① 贺化:《中国知识产权行政管理理论与实践》,知识产权出版社2018年版,第28页。
② 同上书,第39页。
③ 陈水生:《政府职能现代化的整体性建构:一个三维分析框架》,《探索》2021年第2期。

范性文件具体指导地方知识产权保护工作的有效执行。与此同时,政府还通过制定知识产权战略规划和政策文件的形式,从顶层设计的高度擘画专利保护事业发展蓝图。2019年中办、国办印发的《关于强化知识产权保护的意见》,对未来的知识产权保护立法、司法、执法和守法工作确立了新的"路线图",其中有大量关于制度供给方面的规定。

2. 从公共服务职能看,主要是授权确权与公共服务平台建设

公共服务是与社会发展不可分割且必须由政府加以规范和控制的活动。①在政府"放管服"改革和服务型政府建设背景下,政府提供知识产权公共产品的有限性与社会公众对高质量知识产权公共产品需求之间的矛盾,是推动政府转变专利保护职能的动力源泉,这取决于政府提供公共产品和服务的目的和能力。以知识产权公共服务信息平台建设为例,这可以在很大程度上缓解广大中小市场主体获取专利保护信息的成本;同时,政府在公共服务信息平台构建中也承担着特殊的政府担保功能,确保了公共信息来源的真实性和可靠性,有政府背书的公共服务平台极大地提升了不特定市场主体获取信息的便捷性,从而达到降低制度性交易成本和市场信息不对称的效果。由政府部门实施的知识产权行政处罚信息公开机制,也是政府干预知识产权市场秩序的有效手段。信息公开既能对侵权违法者形成强大的威慑力,也能切实维护专利权人权益。

3. 从市场监管职能看,主要是实施知识产权行政执法工作

比如,在现有《专利法》体系下,专利行政执法主要指专利行政裁决和专利行政处罚两类具体行政行为。其中,专利行政处罚针对的是以假冒专利为代表的恶意侵权行为,其严重破坏了正常的专利管理和市场秩序,还以误导公众的方式扭曲了市场经济衍生的信息传导机制,挫伤了公众对专利保护制度的信心。对于这些扰乱市场秩序的侵权违法行为,政府依据授权主

---

① [法]狄骥:《公法的变迁》,郑戈译,商务印书馆2013年版,第49页。

动实施行政保护。当然,从广义的行政保护层面看,政府实施的专利保护行为不仅限于调处专利侵权纠纷和查处假冒专利行为,还包括由政府部门主导的专利行政调解行为、行政强制行为等。在统一的市场监管体系下,政府的知识产权保护职能包括市场监管和纠纷调解双重职能,行政职能运行的起点是公平有序的产权保护秩序是否受到了破坏,而这是以政府部门对知识产权确权认定为前提和基本依据的。

(三)行政法学的视角

从行政法学和行政权运行的基本原理审视,知识产权保护职能运行的主要模式是行政指导,这是地方政府柔性干预市场运行机制的产物。行政指导是指行政机关在其职能范围内,为达到一定的行政目的而要求行政相对人作为或不作为的行政行为。不同于行政许可、行政处罚、行政调解等行政行为,行政指导的政策性较强,政府部门实施行政指导的方式也较为灵活。当前缺乏严格的程序约束机制、政策实施的弹性空间较大,这对政府职能履行提出了很高的要求。有学者提出为规范行政指导行为,除应遵循诚实信用、及时灵活及信赖利益保护原则外,还应遵循均衡原则和协调原则①。结合市场主体的实际需求,政府发挥行政指导作用的空间非常大,通过知识产权保护相关行政权的有效运用,逐步完善知识产权保护职能的实施机制,这包括但不限于建立灵活多样的非诉讼纠纷解决机制,诸如知识产权仲裁机制、调解机制、维权援助机制等,从而能够形成多元化、常态化、制度化的制度规则;构建全面系统的公共服务机制,对于占市场大多数的中小企业而言,亟须政府部门提供知识产权保护方面的宣传培训服务、知识产权信息检索与预警分析服务、知识产权价值评估与转让转化等公共服务产品。政府在上述领域积极作为的空间非常大,而行政指导所内含的灵活性也允许行政部门在机制创新方面大胆探索。

---

① 沈世娟、刘海锋:《提升企业知识产权管理水平的政府行为模式》,《科技进步与对策》2011年第12期。

第二节　知识产权保护职能的有效履行

明确了地方政府知识产权保护职能的科学定位后,关键在于如何更好地履行政府职能。政府职能的有效履行建立在能动的、回应性的有效政府基础之上,保护专利等无形财产权的最终目标是实现经济、社会的可持续发展。从推进国家治理体系和治理能力现代化的视角,地方政府知识产权保护职能的履行面临新形势新任务,主要涉及经济、政治、文化、社会、生态五个方面。

具体而言,在经济方面,为了贯彻新发展理念、促进经济高质量发展,地方政府的知识产权保护职能要顺应经济发展方式、发展阶段、发展目标的转变,拓展新思路、创新新方式,找准知识产权服务经济社会发展的切入点和着力点,更好地为地方经济高质量发展提供驱动力;在政治方面,保护知识产权就是保护创新,在统筹科技自立自强和知识产权国际合作与竞争中维护国家核心利益,政府要通过前瞻科研布局和关键核心技术突破,应对西方一些国家把知识产权作为重要手段对我国科技创新进行全方位打压,维护知识产权领域国家安全;在文化方面,地方政府要大力弘扬创新创业文化,积极培育工匠精神,将社会主义核心价值观融入知识产权事业发展的各方面,将知识产权文化建设作为国家软实力建设的重要内容;在社会方面,知识产权保护工作与人民日常生活、生命健康息息相关,人民群众的衣食住行都离不开严格的知识产权保护,从消费市场的品牌保护到医药领域的专利保护,再到精神文化产品的版权保护,无不影响着普通消费者的切身利益,知识产权工作坚持以人民为中心,就是要不断实现人民对美好生活的向往;在生态方面,以绿色专利、低碳专利为代表的创新激励政策,有利于从源头上降低工业产品对环境潜在的负面影响、淘汰高耗能高污染的专利技术产品,构筑起从研发、生产、使用、回收全生命周期的生态保护体系,有效推动美丽中国建设。地方政府知识产权保护职能须履行以上五个方面的行政任务,需要从理论上加以阐释。

一、基于新公共服务理论的能动回应式行政

回应式行政体现了政府积极作为的履职理念。党的十八届四中全会指出,行政机关要坚持法定职责必须为、法无授权不可为,勇于负责、敢于担当,坚决纠正不作为、乱作为,坚决克服懒政、怠政,坚决惩处失职、渎职。① 面对市场主体日益增长的公共服务需求,地方政府要主动调整履职行为,积极应对各种新情况、解决新问题。为此,新公共服务理论具有代表性,能够为回应式行政相关议题研究提供理论分析框架。

（一）理论概述

国外关于该理论研究的代表人物是登哈特夫妇,其核心思想是:公共行政官员在其管理公共组织和执行公共政策时应聚焦于承担为公民服务和向公民放权的职责,他们的工作重点既不应该是为政府航船掌舵,也不应该是为其划桨,而是应该建立一些明显具有完善整合力和回应力的公共机构。政府的职能是服务,通过分享权力、共担责任等管理方式,增进社会公共利益。基于此,地方政府在知识产权管理活动中应扮演"服务者"角色,通过有效的利益表达和实现机制以整合社会资源、回应公众诉求。② 此外,Leadbeater C 认为,政府应减少不必要的干预,给公众更多的公共服务选择,持续完善个性化的公共服务供给等③；Light P C 提出,公共服务供给应从政府中心主导转向多部门供给④；Brereton M 倡导公共部门要树立公

---

① 《中共中央关于全面推进依法治国若干重大问题的决定》,《人民日报》2014 年 10 月 29 日。
② [美]珍妮特·V.登哈特、罗伯特·B.登哈特:《新公共服务:服务,而不是掌舵》,丁煌译,中国人民大学出版社 2016 年版,第 9 页。
③ Leadbeater C, *Personalisation through participation: a newscript for public services*, London: Demos, 2004, p.131.
④ Light P C. "The empty government talent pool: the new public service arrive", *Brookings Review*, Vol.1, 2000.

共服务精神等①。

国内关于新公共服务理论的研究主要集中在新公共服务理论的基本概念及比较研究、新公共服务理论在行政机构和具体公共管理领域的应用以及其在服务型政府建设中的应用方面。②本书认为,新公共服务理论所蕴含的强调服务和公共利益的价值导向,以及对治理体系现代化及其具体改革路径的优化,对于引导地方政府知识产权保护职能转变和推动创新驱动发展战略具有重要意义。

(二)新公共服务理论的分析框架

基于新公共服务理论和相关文献梳理,结合我国政府知识产权保护职能及其实现机制的基本概况,本书提出了地方政府知识产权保护职能转变的分析框架,即从价值目标、治理结构和实施机制三个维度进行理论构建。

1. 重塑价值目标

新公共服务理论的核心要素是"服务""责任""公共利益",这些价值目标必须融入知识产权行政保护部门的职能定位和政策议题中。行政部门要树立服务意识,改变原有的"管理本位"理念,根据知识产权创新主体及利益相关方的需求提供公共服务,公共产品供给势必延展至知识产权创新应用的整个生命周期,也即知识产权的全链条保护。

2. 优化治理结构

中共中央办公厅、国务院办公厅于2019年11月印发《关于强化知识产权保护的意见》提出,要"综合运用法律、行政、经济、技术、社会治理手段强化保护,促进保护能力和水平整体提升",就是要打好组合拳,形成知识产权保护合力。这与新公共服务理论强调的多元共治理念相符。新公共服务理

---

① Brereton M, Temple M, "The new public service, ethos: an ethical environment for governance", *Public Administration*, Vol.3, 2010.
② 姚威、张婉滢:《新公共服务视角下科技管理部门职能转变研究——以浙江省为例》,《科技管理研究》2018年第17期。

论强调在公共治理过程中要纳入不同主体的利益诉求,旨在通过政府、企业、社会组织等多方主体的共同参与、沟通合作,从而实现创新资源的优化配置。

3. 完善实施机制

新公共服务理论所倡导的"重视人而不只是生产率""重视公民而非顾客"等观点,对知识产权行政保护部门的服务职能转变提出了更高要求。这就需要在更加充分考虑创新主体的利益和需求基础上,以高质量发展为目标,持续完善具体的知识产权保护实施机制。

(三)能动回应式行政的基本要求

地方政府知识产权保护职能如何做到能动回应,实现政府职能的"到位""补位",至少需要满足以下三方面基本要求。

1. 强化地方政府知识产权职能部门的服务意识

强化知识产权行政保护部门的服务意识和创新导向,围绕知识产权创新应用的全链条完善服务机制。

(1)重视和加强知识产权文化与价值观教育。强化知识产权保护理念的确立和普及是地方政府履行知识产权保护职能的基本前提。地方政府要强化舆论引导,定期公开发布有社会影响力的知识产权保护典型案例,大力促进知识产权保护观念深入人心;要加强公益宣传,促进宣传活动进企业、进单位、进社区、进学校、进网络等,不断提高全社会尤其是创新创业市场主体的知识产权保护意识;要引导、督促地方政府把知识产权保护工作和经济社会高质量发展目标有机结合。

(2)地方政府部门的角色定位要从管理者、主导者的身份转向为市场主体营造良好创新氛围、产权保护环境的服务者和创新治理的参与者、监督者。相应地,其职能范围调整为,充分发挥引导和鼓励市场主体开展技术研发活动,统筹制定知识产权战略发展规划和政策法规等,为专利技术的创造、运用和保护提供适宜的制度环境。

（3）强化考核评价，增强知识产权保护责任意识。构建"责任政府"是地方政府履行知识产权保护职能的内在要求和动力。知识产权保护责任是指行政主体没有正确履职或违反行政义务时所必须承担的行政负责行为。要切实加强地方党委和政府领导知识产权保护的绩效考核，建立健全绩效考核和营商环境评价体系，完善通报约谈机制，着力扭转一些地方过分强调专利数量指标、专利资助奖励指标、高新技术企业认证数量指标，而对专利质量要求不高、忽视专利实施率、重要素投入而轻创新质量等倾向和问题。

2. 促进优化知识产权治理结构

明确地方政府知识产权保护职能的重点在于科学优化履职目标和结构，以职能转变为核心，在政府、市场、社会不同主体间形成协同发展格局。行政机构是政府职能的载体和外在表现形式，职能转变必然要求行政部门的组织设置进行相应优化。优化路径并不是简单的合并或裁减，而是要根据经济社会发展的现实需求和行政效能提升的必要，进行行政机构及其部门的科学设置。

（1）从职责同构向分级确权转变，进一步明确地方省、市（区）、县各级行政部门的知识产权保护事权和职责规定，建立分级确权和权责统一的协同机制，充分调动基层知识产权管理部门的自主性。其中，省级政府部门主要通过统筹规划、政策制定等宏观治理方式指导全省的知识产权保护工作布局和区域协调；市（区）、县级政府部门主要贯彻执行中央和省级政府以及法律法规赋予的行政职权。

（2）增强跨部门联动协调机制，构建知识产权"大保护"工作格局。知识产权保护不是知识产权局系统单个部门的事情，要有"知识产权保护一盘棋"的大格局。要重点处理好知识产权保护"条""块"关系的矛盾，政府要自我加压，特别要加强行政部门内部的协调联动，持续深化地方知识产权行政机构改革工作，完善知识产权综合行政执法体制机制。地方政府要充分运用知识产权保护联席会议机制，明确知识产权管理部门与工商、公安、海关、法院等相关部门的合理分工。同时,积极运用"互联网+"信息化手段,增强部门之间的信息互联互通,降低沟通协调成本。

3. 优化完善知识产权保护的实施机制

(1) 完善公共服务平台和制度建设。要进一步加强地方知识产权保护的基础能力建设,包括但不限于知识产权信息数据库建设、知识产权交易平台建设、知识产权侵权假冒数据监测平台等,通过财政预算调整、政府购买服务以及引导社会资本参与平台建设等途径,不断推动各类平台载体的转型升级和平台资源的内涵式发展。

(2) 提高知识产权成果的转化率、实施率。以专利权为例,专利技术成果转化要按照市场规律进行科学谋划,政府应适度加强专利成果转化实施的组织推动和政策扶持力度,避免因政府干预而影响正常的市场化运作规律。政府的财政政策和金融政策要不断创新,形成常态化良性发展机制,最终目的是发挥好市场资源和企业自身潜力去提高成果的转化实施力。为了更好发挥市场的作用,在专利保护中避免过度依赖政府行政管理和财政资助补贴,更多依靠市场调节机制去引导市场主体维护合法权益、提高产权效益。要探索专利运营的投融资机制,构建高质量专利导向的财税支持体系,通过科学化的创新资源配置和利益共享机制,有效激发创新主体活力,实现专利保护与经济社会高质量发展稳步增长。

(3) 增强知识产权保护刚性约束和执法权威性。在司法层面,要进一步贯彻实施好知识产权侵权惩罚性赔偿机制,完善相关司法程序,为权利人的侵权损害提供有效的司法救济,对侵权违法者形成威慑力。在行政执法层面,要进一步完善跨部门跨区域联合执法机制,增强知识产权局、市场监管局等部门的执法力量,提高行政执法能力和执法效果;加大社会公众对政府实施知识产权保护工作的监督力度,加强人大监督,发挥政协民主监督作用,不断提高知识产权执法监督的规范性和透明度,在更大范围、以更大力度公开行政执法办案信息基础上接受社会和公众舆论监督。

二、基于有限政府理论的多元共治型行政

政府职能转变必然是政府与市场边界关系逐步厘清优化的过程。在国家治理体系和治理能力现代化进程中,理应构建一个政府、市场、社会协同治理的新格局。政府的知识产权保护职能是有边界的,职权法定是权力行使的基本依据。在此前提下,如何"推动有效市场和有为政府更好结合"是新发展阶段全面深化改革需要重点破解的时代命题。

(一)有限政府的理论基点

政府职能的有限性是政府职能发挥的基本前提。知识产权是私权,政府如果对知识产权保护制度的运行干预过多,就可能违背知识产权的私权属性。这也就推导出,国家实施创新驱动战略、加强知识产权保护的基本遵循是,必须正确发挥政府作用,把政府规制与市场调节有效结合起来,从而充分发挥企业自主创新的活力和积极维权的动力。有学者认为,知识产权的私权属性和国家知识产权战略的全局性确定了政府作用的二重性,既要求政府在提升知识产权创造能力、鼓励知识产权转化、完善知识产权法制、提高知识产权执法水平、加强知识产权行政管理、发展知识产权中介服务、加强知识产权人才队伍和推进知识产权文化建设等方面充分发挥作用,又要防止干预过度。[①]

政府作用的二重性明确了政府作用的限度和边界问题。随着知识经济的快速发展,知识产权在国民经济领域的重要性日益凸显,在知识产权保护中介入政府权力的保护模式,将政府有效规制与市场自发调节知识产权资源有机结合成为首选。政府职能的有限性,要求政府部门及其工作人员要时刻明确自身的职责使命,恪守权力运行的边界。随着服务型政府建设、"放管服"改革的深化拓展,知识产权保护工作更多是政府引导而不是政府

---

① 乔永忠、葛雅兰:《论政府在国家知识产权战略实施过程中的作用》,《探索》2008 年第 5 期。

主导,更不是政府"包办"。在地方政府职能运行过程中,更多是有效整合行政机关、司法机关、立法机关、行业组织等各方资源和力量,为知识产权纠纷化解搭建处置平台,建立良好的沟通协作机制。尤其是,通过政府扶持引导,能够培育市场力量、调动市场主体维护自身权益的主动性。

(二)有为政府的功能发挥

有限政府是职责法定的有限性,遵循行政合法性原则;有为政府是在职责权限内,积极行使行政职权,遵循行政合理性基本原则。有限政府是有为政府的基本前提,有为政府是有限政府功能发挥的价值依归。据此,地方政府知识产权保护职能履行具有以下三方面基本内容。

1. 以政府"有形之手"避免市场失灵

在市场经济体制下,知识产权的资源配置主要依靠市场调节,在市场配置资源过程中难免出现市场失灵的情况。比如,非正常专利申请行为,专利权人滥用专利许可权而扰乱市场竞争秩序的行为,专利补贴、资助、奖励机制的异化现象,以及专利技术成果闲置浪费等问题。政府适时介入调控并有效干预知识产权市场,是对市场主体作用功能发挥的必要补充。市场失灵的地方,就是政府职能可以发挥的空间。同样地,技术市场的市场失灵、负的外部效应以及信息不对称等问题,都需要政府的适度干预,即通过政府管理行为追求社会公共利益最大化。专利权是以技术公开,进而换取法定期间内排他使用的专属权利,是私权,但其最终目的仍是激励创新、实现社会整体技术水平的累积跃升。根据新公共服务理论,政府管理公共事务是为了增进公共利益,这与专利制度创制的主要功能相一致。政府保护专利是手段而非目的,专利权的保护应当促进技术创新、扩散和运用,而不是构成妨碍,这就需要政府通过制定和实施高质量的政策法规,搭建知识产权公共服务平台,在利益平衡中实现公共利益最大化。

2. 严格保护以遏制侵权违法行为

囿于知识产权侵权成本低、维权难、赔偿低的"老大难"问题,反复侵权、群体侵权、跨地域侵权等恶意侵权行为反噬着知识产权制度的根基。加强知识产权保护是完善治理体系和治理能力现代化的重要环节,加强知识产权保护已成为中央至地方政治话语中的共识性认知,地方政府主政者更应该将此理念确立为区域知识产权治理的核心并转化为积极的政治实践活动。在"互联网+"时代,大数据、云计算、人工智能等新技术新模式,可以为政府的数据化治理赋能增效。聚焦于知识产权侵权行为的行政规制,亟待政府部门深化拓展的领域包括但不限于互联网监管下精准识别知识产权侵权行为及其源头追溯,知识产权案件在线审理、智慧审判,海外知识产权维权援助信息服务平台建设,展会、专业市场、进出口等关键领域和环节的快保护机制构建,等等。

3. 积极优化产权保护的营商环境

知识产权保护和区域创新间存在着非线性关系,随着区域经济发展水平的提升,知识产权保护对区域创新的促进作用将加强。①在新发展阶段,构建以国内大循环为主体、国内国际双循环相互促进的新发展格局需要持续强化知识产权保护。尤其是北京、上海、深圳等我国对外开放的枢纽城市,地方政府只有持续打造尊重知识价值的国际一流营商环境,才能更好地吸引外资,促进经济稳定增长。地方政府可以通过统筹规划专利密集型产业发展②,利用金

---

① 关成华、袁祥飞、于晓龙:《创新驱动、知识产权保护与区域经济发展——基于2007—2015年省级数据的门限面板回归》,《宏观经济研究》2018年第10期。
② 统计显示,我国专利密集型产业经济拉动能力强,极具创新活力和市场竞争优势。2010—2014年,我国专利密集型产业增加值合计为26.7万亿元,占GDP的比重为11.0%,年均实际增长16.6%,是同期GDP年均实际增长速度(8%)的两倍以上;专利密集型产业平均每年提供2 631万个就业机会,以占全社会3.4%的就业人员创造了超过全国1/10的GDP,劳动者报酬占比为9.4%;从盈利能力来看,专利密集型产业总资产贡献率5年平均为15.4%,比非专利密集型产业高出1.2个百分点;从产品竞争力来看,专利密集型产业新产品销售收入占主营业务收入的比重为20.7%,出口交货值占销售产值的比重是19.3%,分别是同期所有工业产业平均水平的1.8倍和1.7倍;从创新投入来看,专利密集型产业研发经费投入强度(R&D经费内部支出与主营业务收入的比重)达到1.3%,远高于所有工业产业0.7%的平均水平。来源于国家知识产权局官网发布的《中国专利密集型产业主要统计数据报告(2015)》,https://www.cnipa.gov.cn/art/2016/10/28/art_88_40231.html,2016年10月28日。

融财税政策孵化创新企业,为重点企业搭建技术交流平台、产权流转平台等,以及为企业提供专利导航、专利预警、专利评议等精细化服务,推动区域经济结构优化和高质量发展。

近年来,知识产权保护是实现创新驱动发展战略、推动区域经济高质量发展的关键因素,地方政府在知识产权保护实践中的作用日益凸显,并更多受到经济学者的关注。有学者将地方政府激励与知识产权保护好对经济增长在长短期异质性影响相结合,提出了地方政府知识产权保护、创新与侵权行为、经济状况三者间形成"闭环"状态。[1]据此,地方政府在其中占据主导地位,并根据地方经济状况差异,给予不同程度的知识产权保护力度。当地方经济状况持续向好时,会促使地方政府提供强有力的知识产权保护,从而促进该地方政府辖区内的创新产出数量和质量,遏制辖区内的知识产权侵权行为,进一步优化辖区内营商环境的法治化水平,吸引更多的创新投资,整体上形成了良性循环状态;反之,当地方经济状况不好或是经济增长乏力时,出于地方保护、就业、财税等短期利益考量,地方政府会弱化辖区内的知识产权保护力度,降低了企业间模仿行为的机会成本,导致辖区内知识产权侵权行为增多,法治化营商环境恶化,对于创新创业的投资吸纳减少,整体上形成了恶性循环状态。这两种状态之间是可以相互转化的,其中主要的动因是区域经济发展状况,地方政府的决策选择在很大程度上依据于此。这也印证了一些国外学者的观点,例如:加强知识产权保护力度对发展中国家的短期经济增长不利,但是对长期经济增长有利[2];发展中国家也有提供更强知识产权保护的动力,当技术水平达到某一水平后,企业的模仿行为带来的收益会被创新受到的损失抵消,反而会促使企业转型升级,从而寻求新的利润增长[3];从长期来看,

---

[1] 马海涛、岳林峰:《知识产权保护实践中的地方政府因素》,《经济管理》2020年第4期。
[2] Maskus K E, *Intellectual Property Rights in the Global Economy*, Waskington: Peterson Institute for International Economics, 2000, p.131.
[3] Chen Y, Puttitanum T, "Intellectual Property Rights and Innovation in Developing Countries", *Journal of Development Economics*, Vol.2, 2005.

强化知识产权保护可以优化营商环境,带来更多的外商投资,也有助于企业吸收发达国家的先进技术。①

从地方政府职能发挥的结果来看,重心在于辖区内保护产权的法治化营商环境,即优化营商环境的绩效任务会倒逼地方政府加强知识产权保护的决策与执行行为。当下,政府职能的重点目标是优化营商环境,其核心思想是"制度至关重要"。《世界银行推动营商环境评价报告》的宗旨在于降低企业的制度性交易成本,增加企业获利空间。②据此,从营商环境的角度优化政府的知识产权保护职能,就是要降低相关市场主体的制度性交易成本,使得知识产权权利人和利益相关者能够以更低的费用、更短的周期、更有效的手段保护其合法权益,从而充分实现激励与惩戒的双重目的。

有学者认为,营商环境法治化与知识产权行政执法之间经历了从"去监管"到"有效监管"的理念转变,对有效监管的重视改变了《营商环境报告》这份享有世界影响报告的整体面貌。③营商环境不再是既关注产权保护又厌恶政府监管的概念。正如《营商环境报告》负责人奥古斯托·罗裴兹-克拉洛斯所言,"政府作为理性主体,仅在资源分配缺乏透明度、自由裁量权过大等情况下才容易产生腐败"④,即是对必要政府监管职能的正视。法治化是优化营商环境的制度保障,政府在制度供给时应重点考虑是否会对市场主体的自主调适造成不必要的干预,以及政府干预的边界界限问题。然而,知识产权行政保护的特殊性在于,对于以有形财产为对象的市场监管体系,在应对无形财产类型的知识产权监管保护时需要做必要的调整。比如,在"放管服"改革大背景下,整体上的市场监管职能呈逐步弱化趋势,但强化知识产

---

① Parello C P. "A North-South Model of Intellectual Property Rights Protection and Skill Accumulation", *Journal of Development Economics*, Vol.1, 2008.
② 罗培新:《世界银行营商环境评估:方法·规则·案例》,译林出版社 2020 年版,第 11 页。
③ 李雨峰、邓思迪:《常识:知识产权行政执法的理性基础——从营商环境法治化展开》,《福建师范大学学报(哲学社会科学版)》2020 年第 3 期。
④ Augusto Lopez Claros, "Removing Impediments to Sustainable Economic Development: The Case of Corruption, Journal of International Commerce", *Economics and Policy*, Vol.6, 2015.

权保护力度、严格知识产权市场监管已从政策话语转化为制度规定及具体的实施措施。

2018年机构改革后,中央和地方的知识产权局系统被划转至统一的市场监管局体系,由市场监管局组建专门队伍负责知识产权行政执法和市场监管工作,有效解决了原有知识产权局行政执法力量薄弱的体制弊病。①加强政府的知识产权市场监管职能正是优化法治化营商环境的应有之义。为了更好地发挥政府在改善知识产权保护制度环境中的基础性作用,保障权利人以更低的费用、更短的时间、更有效的方式保护其知识产权,需要充分发挥政府在知识产权保护中的制度供给职能、公共服务职能、市场监管职能和纠纷解决职能。②

（三）多元共治的基本型构

多元共治意味着要充分发挥政府、市场与社会之间的关系,让有为政府、有效市场与活力社会有机结合。习近平总书记指出,要"充分发挥市场和政府各自优势,努力使市场作用和政府作用有机统一、相互补充、相互协调、相互促进,推动更高质量、更有效率、更加公平、更可持续的发展"。③党的十九届五中全会进一步提出,坚持和完善社会主义基本经济制度,充分发挥市场在资源配置中的决定性作用,更好发挥政府作用,推动有效市场和有为政府更好结合。④在政府与市场共同牵引和作用下,建立健全知识产权保护的多元共治模式至少包括以下五方面内容。

1. 完善知识产权非诉讼纠纷解决机制

完善知识产权确权维权的仲裁、调解、公证工作机制,政府要大力培育

---

① 以重庆市为例,机构改革前,在重庆市下辖39个区县中,仅有21个区县设置了知识产权局,其中17个为科委的挂牌机构、4个为科委隶属的二级局、18个为科委的内设科室,仅重庆市知识产权局设置了专门的行政执法队伍,各区县均无专门的知识产权执法人员。
② 李雨峰、陈伟:《优化营商环境下政府在知识产权保护中的职能》,《知识产权》2020年第7期。
③ 宋雄伟:《推动市场作用和政府作用有机统一》,《人民日报》2019年8月30日。
④ 《中共中央关于制定国民经济和社会发展第十四个五年规划和二〇三五年远景目标的建议》,《人民日报》2020年11月4日。

和发展知识产权仲裁机构、调解组织和公证机构。近年来,非诉讼纠纷解决机制(ADR)在法治实践中的重要价值日益凸显,仲裁与调解机制在知识产权纠纷解决中的作用越来越重要。相比于传统诉讼程序的成本高昂、周期过长、赔偿不足的现实难题,非诉讼纠纷解决机制的便捷高效优势显见。法理上讲,知识产权本质上是一种被推定的排他权利,权利状态的稳定性低于一般的民事财产权利,有相当比例的专利权未能经受住专利无效抗辩程序而导致权利消亡。仲裁与调解机制可以免去冗长的司法程序所带来的诉累,直接就权利状态及其利益关系进行磋商,诸如专利权许可使用费、交叉许可、权利转让等专利运营活动,可以在第三方中立机构的组织下"一揽子"解决当前及后续利益纷争。其中,知识产权仲裁机制可以达到"一裁终局"的法律效果,对纠纷双方都有较强的约束力。2019年10月,世界知识产权组织仲裁与调解中心在上海自贸区成立,这是国家知识产权局与上海市政府共同努力的结果,致力于推广 WIPO 仲裁与调解规则,为市场主体提供涉及知识产权的技术、娱乐和其他争端的仲裁机制,对提升上海知识产权保护能力、打造国际知识产权保护高地大有裨益。知识产权调解组织一般是由知识产权行政部门或司法部门牵头搭建的纠纷化解平台,通过建立知识产权民事纠纷诉调对接工作机制,设立专门的调解机构,择优选任擅长处理知识产权纠纷的调解员。实践中也大量存在以资深知识产权法官冠名的工作室组织,为纠纷当事人提供一站式解纷平台。培育和发展知识产权仲裁机构、调解组织和公证机构是一项公共性较强的事业,单独的个体或企业组织无法推动这类工作,只有依靠政府部门从促进知识产权事业发展、优化法治化营商环境以及谋求公共利益和民生福祉的角度,利用其权威地位及行政、司法资源,大力推进非诉讼纠纷工作机制的健全完善。

2. 积极培育社会自治组织

政府鼓励行业协会、商会建立知识产权自律和信息沟通机制。行业协会、商会作为公共权力(权利)的一种形式,具有民间性、自治性和非营利性的特征,由此决定了行业协会的主要职能为自律、维权、协调、服务与交流,不宜将政府的行政职能赋予行业协会,行业协会只有在经授权或委托的情形才具有被授予或委托的行政职能。[①]行业协会、商会是在政府引导下,由企业自发形成的社会组织,自治性是其本质属性,目标是现实自我管理、自我服务、自我监督。组织的管理者往往也是该行业市场竞争的实际参与人,对行业动态和市场主体较为熟悉,具有较高的业内威望,这都是知识产权纠纷有效化解可资利用的资源。知识产权与创新经济、产业发展密切相关,围绕不同领域的专利技术研发、申请、确权,就形成了不同的企业集群、产业集群。近年来,以标准必要专利为核心的反不正当竞争、反垄断规制,成为学界和实务界研究的热门话题,行业组织、商会在其中扮演着重要角色。政府职能主要是产业政策制定,并不直接干预市场主体的经营行为,职责在于维护公平竞争的市场秩序。行业协会、商会需要根据各自行业需求,自主设立知识产权纠纷调解工作机构,建立行业知识产权纠纷调解流程,通过协商和调解及时化解知识产权纠纷。同时,行业协会、商会承担着知识产权宣传培训的工作,以提高会员单位的知识产权维权意识和能力,推动行业内的信息交流和业务合作。当然,行业协会、商会也从事大量常态化工作,比如为会员提供知识产权咨询服务、实证调研会员单位在知识产权保护工作中的需求和困难、组织应对行业外的知识产权风险等。

3. 强化知识产权代理行业监管

政府引导代理行业加强自律自治,强化对代理机构的监管力度。以专利代理行业为例,专利申请是一项专业性很强的工作,普通的企业或个人通常不具备这种能力,需要委托知识产权代理机构进行申请方案设计、申请书和权利要求书撰写,以及跟进申请流程等。近年来,我国专利申请数量增长迅速,从数量指标看已经跻身世界前列。但庞大的专利数量并不代表较高

[①] 潘嘉玮:《论行业协会的法律定位》,《华南师范大学学报(社会科学版)》2008年第3期。

的专利质量,尤其是有些地方政府的专利申请补贴政策催生了大量垃圾专利而为业界诟病。其中,部分专利代理机构出于经营利润的目的,成了专利数量泡沫的幕后推手。自中央到地方政府已经意识到了专利数量和质量的辩证关系问题,确立了高质量、高价值专利的政策导向。围绕专利技术的产生和确权,决定其价值高低的主要是研发质量、申请质量和审查质量。研发质量由创新主体自己决定,审查质量依赖国家知识产权局及其审查协作部门的工作质量,申请质量主要在于专利代理机构的业务能力和职业操守。研发一项技术往往耗费市场主体大量的人力、物力和财力,如果有高质量的专利代理服务,就能够精准界定权利要求范围、构筑起严密的权利保护范围、规避潜在的专利侵权风险,从而最大化地维护市场主体专利权益;反之,低水准的专利申请撰写文件无法合理表达专利权保护范围,为日后的专利侵权或是难以维权埋下隐患,让申请人利益受损。可见,专利代理机构及其专利代理人在很大程度上决定着专利质量高低和专利价值实现与否。专利代理机构本身也是一类市场主体,其生存状况一方面取决于市场竞争,另一方面也是政府监管的结果。从知识产权事业高质量发展的角度,政府部门应该加强代理行业的市场监管,严格惩戒违规违法从事代理行为的机构,净化知识产权代理市场,为市场主体选择知识产权代理服务机构营造良好的市场环境。

4. 加强知识产权诚信体系建设

加强知识产权诚信体系建设,将专利权出质登记、专利行政处罚、抽查检查结果等涉企信息,通过国家企业信用信息公示系统统一归集并依法公示。为加快知识产权信用体系建设,2018年12月19日,国家发展改革委、人民银行、国家知识产权局等38个部门和单位联合签署了合作备忘录,决定对知识产权(专利)领域严重失信主体开展联合惩戒。备忘录明确了6类知识产权(专利)领域严重失信行为:重复专利侵权行为、不依法执行行为、专利代理严重违法行为、专利代理人资格证书挂靠行为、非正常申请专利行为以及提供虚假文件行为。这6类行为不仅侵犯专利权人的民事权益,也严重破坏了知识产权市场监管秩序,应承担行政责任甚至刑事责任。尤其是针对专利行政处罚行为,专利行政处罚案件信息公开且与征信体系"捆绑",势必对侵权人产生极大的威慑效应。①对于知识产权(专利)领域严重失信主体,《合作备忘录》提出了两类惩戒措施:一类由国家知识产权局实施,共5项:加大监管力度,依法从重处罚违法行为;取消进入各知识产权保护中心和快速维权中心的专利快速授权确权、快速维权通道资格;取消申报国家知识产权示范和优势企业资格;取消申报国家专利运营试点企业资格;在进行专利申请时,不予享受专利费用减缴、优先审查等优惠措施。另一类由其他部门单位联合实施,包括限制政府性资金支持、限制设立金融机构、限制成为海关认证企业、加强对严重失信主体进出口货物监管、限制申报科技项目、在上市公司或者非上市公众公司收购的事中事后监管中予以重点关注等33项。国家知识产权局将通过全国信用信息共享平台,依法依规定期向签署备忘录的其他部门和单位提供严重失信主体名单,并在"信用中国"网站、国家企业信用信息公示系统、国家知识产权局政府网站等向社会公布。②知识产权诚信体系建设主要依托于国家知识产权局和地方知识产权局系统的密切配合和协调配合,以国家级平台为基础、以省市级平台为子平台,共同构筑起知识产权诚信信息共享和失信联合惩戒的综合网络。

5. **建立健全知识产权志愿者制度**

建立健全知识产权志愿者制度,调动社会力量参与专利保护治理实践。我国的知识产权事业发展与改革开放同步,随着全社会知识产权意识的逐步加强,需要越来越多的组织和个人加入志愿者队伍。从法律性质上看,志愿者及其组织提供的是一种公益性法律产品,其出发点在于促进社会公共

---

① 朱雪忠、万里鹏:《信息公开视角下的专利行政处罚权研究》,《江西社会科学》2014年第9期。
② 《我国加快知识产权信用体系建设 六类严重失信行为将被联合惩戒》,载中华人民共和国中央人民政府网,http://www.gov.cn/xinwen/2018-12/19/content_5350196.htm,2018年12月19日。

利益最大化。每年的世界知识产权日、全国知识产权宣传周、中国专利周等重要时间节点,志愿者们都会参与到各类知识产权宣传活动中,向全社会普及知识产权保护知识,鼓励人们增强创新意识。同时,志愿者自身的行为可成为一种表率,志愿者尊重和保护知识产权的行为可给社会带来良好的示范效应,在营造知识产权保护环境上,形成"尊重知识、崇尚创新、诚信守法"的文化氛围。①然而,知识产权尤其是专利问题具有极高的专业性,不仅是单纯的法律问题,还涉及技术难题和商业运营,这对提供知识产权志愿服务的个人和组织提出了很高的要求。也就是说,知识产权志愿者本身是知识产权领域的实务专家,而不是普通的法律工作者,要敢于奉献自己的时间且不计报酬。政府需要广泛调动行政部门、司法部门、企业、社会组织、专家学者等各方力量加入知识产权志愿者服务工作中,不断优化宣传普及、市场监督、投诉举报等实施机制,切实动员全社会力量,形成知识产权"大保护"工作格局。

三、基于新制度经济学的高效敏捷式行政

高效敏捷式行政代表着政府履职的能力,主要指政府制定切合实际的政策、有效推行和贯彻政策、持续稳定地将政策引向深入的能力等②,还要能设计并实施适当的公共政策,能公平、透明、高效地配置资源,并对社会福利与民众要求作出有效回应③。从经济学视角看,高效敏捷式行政的核心诉求是:政府职能履行以更低的治理成本最大化地维护社会公共利益,包括更好地保障社会秩序平稳运行、尽可能提供更多更优质的公共服务产品、更有效地解决社会纠纷,以及更合理地协调各方面社会关系等,最终实现知识产权公共资源的优化配置。

---

① 郭晓明、胡勇、耿宏斌:《浅谈志愿者在知识产权保护工作中的作用》,《智富时代》2018年第1期。
② 沈荣华:《关于转变政府职能的若干思考》,《政治学研究》1999年第4期。
③ [美]梅里利·S.格林德尔:《打造一个好政府:发展中国家公共部门的能力建设》,孟华、李彬译,商务印书馆2015年版,第89页。

(一)新制度经济学视角下的政府职能履行

新制度经济学将政府规制认定为公共服务,且存在成本与收益问题。该理论认为市场失灵并不必然导致政府干预,政府干预只有在收益高于成本的时候才具有合理性;同时,政府干预的目的应当是降低交易成本,并应当在竞争机制能够发挥作用之后退出市场,或者说不再规制。如果这些目的不能实现,那么宁可让市场持续失灵,也不进行政府干预,否则就会对市场造成双重伤害。[①]比较典型的是市场规制法,构建市场机制,并且代表了政府对于市场发展的预期,具有强烈的政府干预特征。国家提供基本服务的博弈规则主要是界定产权结构、形成竞争与合作的基本规则。如果国家权力不介入,财产权就无法得到有效的界定、保护和实施;如果国家权力介入产权安排和交易,又可能会限制和侵害个人财产权,造成所有权残缺,从而导致产权安排和经济效益的降低。这就是所谓的"诺思悖论"[②]。换句话说,没有政府干预的产权保护将难以为继,政府干预过多反倒降低产权保护的效益。

政府的基本职能可归结为供给公共产品[③],履职过程就是为社会公众提供公共产品的过程。根据经济学供求分析框架,在一定的约束条件(特定时期、财税水平)下,可以从供给需求的角度对地方政府职能进行分析。一方面,从需求角度看,这种需求并非社会个体需求的简单相加,而是一种具有不可分割属性的共同利益导向的需求,因其需求的主体不仅限于企业、个人、社会组织,还包括影响地方政府行为的中央政府或上级政府。所以,对地方政府职能需求的影响因素主要包括社会公众需求和上级政府要求这两类。另一方面,从供给角度看,地方政府供给公共产品的意愿和能力是最为核心的因素。实际上,政府职能的"应然定位"与"实然状况"是存在一定差

---

① 侯利阳:《市场与政府关系的法学解构》,《中国法学》2019年第1期。
② 卢现祥:《论政府在我国基础设施领域促进竞争及反垄断中的"诺思悖论"》,《管理世界》2002年第2期。
③ 阎立:《地方政府职能有效性的建构逻辑:基于供求框架的分析》,《江海学刊》2010年第3期。

异的,这是政府行为偏好与各种约束条件共同作用的产物。影响地方政府职能供给的因素主要有体制机制、人财物资源和行政能力,这三个因素基本限定了政府职能的供给深度和广度。随着经济社会发展环境的变化,这些关键因素的影响结构也会做出调整,比如,受地方财政影响,地方政府提供数据化公共产品的意愿和能力存在显著差异。

(二)高效敏捷式行政的经济学意涵

提高政府职能有效性的基本策略就是尽可能使总供给与总需求相互匹配,而有效性即是做什么、怎么做的问题。据此,得出高效敏捷式行政的经济学意涵。

1. 进一步明确政府职能边界

政府职能的需求客观上限定了政府职能的边界,在一定时期内相对稳定的财税水平使得政府提供的公共产品必然是有限的。所以,地方政府履职就是要把有限的资源用在满足职能需求上。从这个意义上说,"有限"是"有效"的必要条件,只有做到"有限"才能达到"有效"。[①]在地方政府可以调动的有限资源中,最为核心的是人员编制和财政经费。在科层制体制下,地方政府编制法定已成为刚性约束,政府部门编制在相当长的一段时间内是恒定的;部门经费也严格遵循年度预算和决算的财政工作惯例。人员编制与财政经费共同构成了政府职能边界有限性的前提条件,我们探讨的所有问题都必须以此为据。如何在有限资源前提下实现资源利用的有效性,对政府部门及其工作人员提出了高要求,其核心是提高编制资源和财政经费的使用效率。

具体到知识产权保护职能的高效履行,首要条件仍然是从事知识产权保护工作的人员编制约束和知识产权行政部门可以使用的财政经费额度。2018年新一轮政府机构改革后,知识产权行政管理部门的隶属关系、人员编

---

① 钱颖一:《现代经济学与中国经济改革》,中国人民大学出版社2003年版,第39页。

制发生了重大变化,原有的知识产权行政保护资源被重新分配。从中央到地方的知识产权局被划转至市场监管局系统,大部分的省级知识产权局不再具有独立的财权和事权,人员编制也相应缩减。具体到公共财政支出,我国中央和地方政府事权及公共支出责任的划分法制化程度不高,进而导致中央与地方政府公共支出责任划分的随意性,存在中央政府对地方进行"事权下放"的现象,致使一些地方政府的公共财政支出责任缺乏财力保证。①充裕的地方财力是强化知识产权保护职能的物质保障,在有限的公共资源约束下,提高行政保护效益是唯一路径。至于是否可进一步合理调整知识产权保护的中央和地方财权,由中央政府及其职能部门统一行使部分知识产权事权或财权,从而统筹配置知识产权公共服务资源,需要从顶层设计上统一部署。

2. 更好地把握需求变动情况

地方政府职能应随着环境需求的变化而相应调整,努力避免政府职能"缺位""越位"现象。要在公共产品供给决策和供给实施过程中,确保公众参与和各方监督,共同合力提升政府治理效能。当前,我国社会主要矛盾已经转变为人民日益增长的美好生活需要和不平衡不充分的发展之间的矛盾。在政府职能领域就是,人民日益增长的优质公共服务需求和不平衡不充分的公共产品供给之间的矛盾。政府职能履行过程,也要以市场需求为导向,推动供给侧结构性改革。

当前,以互联网、信息技术为代表的第四次工业革命浪潮席卷全球,科学技术革新周期大幅缩短,专利申请数量每年呈几何级数量增长。知识产权保护职能已经从原有的行政管理、行政执法、市场监管职能转向公共服务职能。作为科技创新主体,不仅需要知识产权行政部门能够对自己的发明创造快速确权和维权,更需要政府部门能够对其专利权的转移转化工作提

---

① 荣秋艳:《中国地方政府职能:问题、成因及转变》,《经济问题探索》2014年第3期。

供指引,包括但不限于专利资产评估、专利权质押融资、专利资本证券化、专利信息数据库建设等公共性较强的事务。而这些工作单凭市场主体自身是难以推进的。为此,政府职能优化的前提是要精准识别市场主体对知识产权保护工作的迫切需求,然后才可能有针对性地制定出可以落地推行的政策措施,实现知识产权治理目标,及时满足市场主体对知识产权行政保护工作的多元化需求。

3. 突出强调成本收益比较

供给的有效性不仅是"量"上的累积,更重要的是"质"上的跃升。在成本相对恒定或不过多增加额外成本的前提下,地方政府应优先考虑更高质量的供给,尽可能解决不特定多数人群最迫切的现实问题,不断提高政府职能的综合效用。政府知识产权管理是以政府为主体,对知识产权的创造、获取、利用和保护进行统筹协调,让资源得到最佳配置,才能使知识产权的经济效益和社会效益最大化。①

地方政府知识产权保护职能的履行要能够降低知识产权治理成本,以尽可能小的资源投入提供尽可能多的公共服务产品。当前,政府最主要的任务是贯彻落实《纲要》,发展目标是到2025年知识产权强国建设取得明显成效,以及到2035年我国知识产权综合竞争力跻身世界前列。在此总体要求和发展目标指引下,推动建设面向社会主义现代化的知识产权制度、建设支撑国际一流营商环境的知识产权保护体系、建设激励创新发展的知识产权市场运行机制、建设便民利民的知识产权公共服务体系、建设促进知识产权高质量发展的人文社会环境,以及深度参与全球知识产权治理等。可见,政府职能内容庞杂,治理任务艰巨,涉及知识产权行政立法、行政执法、行政指导、行政规划、行政组织等方面。在中央和地方财政投入支持基础上,政府职能的履行要突出重点,对于每一项工作的开展都要有成本效益的考量,

---

① 安雪梅:《知识产权管理》,法律出版社2015年版,第37页。

才能分阶段地完成知识产权治理过程中的多重目标和任务。

四、基于绩效评估机制的功能调适性行政

《纲要》指出:"国家知识产权局会同有关部门建立本纲要实施动态调整机制,开展年度监测和定期评估总结,对工作任务落实情况开展督促检查,纳入相关工作评价,重要情况及时按程序向党中央、国务院请示报告。在对党政领导干部和国有企业领导班子考核中,注重考核知识产权相关工作成效。地方各级政府要加大督查考核工作力度,将知识产权强国建设工作纳入督查考核范围。"这就涉及政府"自上而下"的知识产权绩效评估工作,具体分为总体事项评估、党政领导干部评估以及地方政府评估三个层面。绩效评估的目的是更好地贯彻落实中央政策部署,在不断调试中更有效地推动工作。

(一)政府知识产权保护职能评估的基本定位

对政府作用的评估,有助于监控政府行为的实施效果。政府知识产权管理职能的绩效评估工作属于比较新的领域,亟待完善评估标准、评估体系、评估机制以及评估方法等。有学者认为,政府应充分发挥政策制定者、市场监管者和全局指挥者的作用,从国际、国内两个层面强化政府的知识产权绩效管理。[①]依据政府职能评估的通行规则,社会需求、公共秩序和政府能力是衡量政府职能是否科学的三个关键要素。一是地方政府必须回应社会公众的普遍需求,解决市场主体最为关切的公共问题,不断增进社会公共福利。知识产权行政保护的最终目的是增进全社会的知识产权公共福利,而不是单向度地维护部分群体的产权利益。二是地方政府应当维护好市场秩序和社会公平正义,发挥综合管理效能。政府职能履行的效果表现为,规范有序的知识产权市场监管秩序和法治化的营商环境,创新型主体能够按照

---

① 颜璠:《科学发展观视野下的政府知识产权绩效管理初探》,《中国行政管理》2009 年第 4 期。

市场化、法治化规程保护自己的知识产权利益,能够免于"劣币驱逐良币"或频繁经受知识产权纠纷的问题。三是地方政府参与社会治理需要调动各方面社会资源,规模适度、运转高效的政府是最好的政府。相应地,知识产权绩效评估的客观指标是有限的人员编制、经费预算等行政资源是否得到充分利用,以及是否存在资源闲置或是浪费的情形。

评估工作对于职能履行至关重要。地方政府直接执行、落实知识产权政策法规,应当高度重视知识产权绩效评估工作的意义和价值,对评估主体、评估原则、评估程序、评估指标体系构建以及评估结果运用等方面开展深入调研工作。在评估主体方面,地方政府及其知识产权相关职能部门,要注重发挥人大、政协、社会公众的监督作用,切忌由政府主导对自己的评估工作而影响评估结果的信任度,更多地引入公众参与平台和第三方专家咨询,全方位监督政府职能履行情况;在评估标准方面,既要有知识产权数量以及增长速度方面的指标,更要有反映知识产权增长质量、知识产权服务经济社会发展效益、知识产权治理效能等方面指标,在数量指标基础上更应该重视质量指标的考核工作;在评估机制方面,要充分利用现有政府组织内部的评估资源和操作经验,将知识产权绩效评估与政府职能绩效评估工作有机整合,避免出现知识产权绩效评估"单兵作战"的情况,即知识产权绩效评估仍然属于整体性的政府绩效评估之部分内容;在评估结果运用方面,核心是通过有效的反馈机制提醒政府适时调整履职行为,将评估结果及时反馈给地方政府的主要领导和知识产权行政部门的主要负责人,并将其作为干部年度考核和督查的重要依据。

(二)功能调适性行政的发展路径

在评估机制引导下,地方政府的职能履行根据市场需求变化进行功能调适,以适应知识产权事业发展的基本趋势,动态调适的外在表现就是政府职能转变。政府职能动态调适的动因包括政府引导、市场化改革、国际竞争、执政党与时俱进的内在调适倾向、社会不同利益间的均衡再造以及意识形态的推动等。①调适性治理是政府主导下的群体关系调节模式,多采用情感联结、社会仲裁等工具,体现出情感型治理的特点,既可低成本地增强政府合法性,又可以促进社会不同群体的相互包容,是基层社会治理的一种有效路径。②政府职能的动态调适以法治化和制度化为前提,关键是进一步优化政府与社会、政府与市场、政府科层体制内的相互关系。国际竞争所形塑的外部知识产权发展环境,对地方政府职能的调适效应越来越显著,"加强知识产权保护""营造法治化营商环境""加强知识产权侵权惩罚性赔偿"等政策话语,已经成为地方政府知识产权保护职能履行的基本价值诉求,功能调适性行政就是要及时回应和解决这些方面出现的问题。

深入功能调适性行政的具体实现机制上,有学者通过案例研究表明,中国当代的基层政策执行已经与基层社会治理形成了彼此嵌套,基层政策执行者可依据行政控制和社会动员能力的强弱组合形成不同的动员策略;在政策执行过程中,层级控制与社会动员之间、政府科层与基层社会之间的边界及关系因政策绩效的需要而发生演变,层级可能渗透到网络或个体水平,网络亦可能成为层级的组成部分。③地方政府职能履行的重要内容之一是贯彻落实中央和上级政府制定的政策法规,政策执行过程就是与市场主体不断互动的过程,在此过程中因政策绩效的需要而不断调整着不同主体之间的边界关系。这种边界关系并不是单向度的,而是网络化的、立体式结构。

在绩效评估约束下,功能调适性行政的核心原则是,将政府职能履行完全地纳入法治化轨道,调适的方向、幅度、范围等均遵循已有的法治框架。以地方知识产权局的"三定方案"为例,就是以清单方式为政府职能履行划定权责边界,法定职责必须为,法无授权不可为。本质上,功能调适性行政

---

① 毛寿龙、景朝亮:《近三十年来我国政府职能转变的研究综述》,《天津行政学院学报》2014年第4期。
② 陈艾、李雪萍:《调适性治理及其特点:理论分析与个案检视》,《江汉论坛》2020年第11期。
③ 王诗宗、杨帆:《基层政策执行中的调适性社会动员:行政控制与多元参与》,《中国社会科学》2018年第11期。

是政府主动作为,依靠改革的内驱力,由内而外、自上而下推动的一场自我革命。历次党和国家机构改革及其引起的政府职能转变就是最好例证。未来,随着知识产权强国建设的全面推进,政府的知识产权保护事权会进一步拓展延伸,相应的政府职能履行责任也会加重。在此过程中,地方政府在法治化框架内动态调适专利保护职能及其实现机制,是进一步深化知识产权领域改革的题中应有之义。

第三节 知识产权保护职能的持续优化

党的十九届五中全会通过的《中共中央关于制定国民经济和社会发展第十四个五年规划和二〇三五年远景目标的建议》,对加快转变政府职能作出重要部署:"建设职责明确、依法行政的政府治理体系;深化简政放权、放管结合、优化服务改革,全面实行政府权责清单制度;持续优化市场化法治化国际化营商环境;推进政务服务标准化、规范化、便利化,深化政务公开。"[①]转变政府职能是深化行政体制改革的核心。政府职能的变迁与转型源于政府与市场、社会的关系变化及其对政府实现更高效治理提出的要求。[②]地方政府的知识产权保护职能要以提升市场创新主体满意度为导向,以知识产权行政事权为核心,满足其公共服务需求,从正向激励和反向惩戒两个维度持续优化政府职能,推动知识产权治理体系和治理能力现代化。

一、地方政府知识产权保护职能履行中存在的问题

"十三五"期间,我国知识产权保护成效大幅提高。知识产权保护社会

---

① 《〈中共中央关于制定国民经济和社会发展第十四个五年规划和二〇三五年远景目标的建议〉辅导读本》,人民出版社 2020 年版,第 35 页。
② 沈佳文:《地方政府生态职能:体制困境与转型诉求》,《天津行政学院学报》2016 年第 4 期。

满意度由 72 分提高到 80 分,在全球创新指数中的排名由第 29 位提升到第 14 位,在营商环境报告中的排名提升到第 31 位。① 但是,地方政府在知识产权保护职能履行方面仍然面临诸多难题。

(一)知识产权保护职能存在异化倾向

1. 概念异化

很多专家学者和实务工作者,把"知识产权保护"简单等同于传统意义上的行政执法,即狭义的对知识产权侵权违法行为的防治,缺乏对知识产权保护职能内涵的正确理解和全面履职。在知识产权"大保护"格局下,知识产权保护职能应该涵盖诸如对知识产权成果质量的改善提升、对知识产权密集型产业的培育引导、对产权保护环境的涵养塑造等。如果仅从狭义角度理解知识产权保护职能,知识产权行政保护工作势必被视为知识产权局单个部门的职责,这很不利于在一级政府层面形成"齐抓共管"的知识产权保护合力。

2. 主体异化

2018 年党和国家机构改革前,按照传统部门职能分工,各级知识产权局系统主要负责专利技术成果的确权、运营、管理和维权等工作。2018 年机构改革后,地方知识产权局划转隶属于市场监管部门,相对整合了专利、商标、地理标志等知识产权事项管理职权。近年来,随着知识经济快速发展,以专利技术为核心要素的高技术产业成为中国经济高质量发展的重要推动力,围绕专利技术的创造、确权、运营等全生命周期,政府职能相应延伸至财政、金融、农业、林业、教育、卫生等多个机构中。尽管地方上基于统筹推进知识产权事业发展考虑,均设置了省级知识产权联席会议,但从实际的运行效果看,现有的临时议事协调机制难以充分协调多个职能部门开展知识产权保护工作,尤其是知识产权局往往被作为"牵头部门",存在"小马拉大车"的问

---

① 申长雨:《2021 年全国知识产权局局长会议上的工作报告》,《知识产权报》2021 年 1 月 22 日。

题。地方政府知识产权保护职能的"碎片化"和"孤岛化"正是其合力"过小"的直观反映。

3. 目标异化

地方政府官员在现有的绩效考核评价体系下往往追求易于客观呈现的数量指标,以展现部门及其个人履职绩效。在此过程中,难免出现政策执行与目标相悖的现象,容易催生垃圾专利、专利成果闲置、非正常专利申请等问题。有学者研究发现,中国专利快速增长并不是由知识产权保护加强或专利保护法律体系完善所导致的,而是由政府政策激励所导致的。其中,政府全额资助、补贴和奖励政策更倾向于激励企业对低质量专利的申请。[1]

(二)知识产权保护职能存在弱化趋势

1. 知识产权行政部门的地位弱化

知识产权局被并入市场监管局系统之后,至少面临两大问题。一是原本独立的知识产权局被并入市场监管局后,促进知识产权运用的职能会被弱化。在市场监管体系内的政府职能重保护、强监管,这有利于强化知识产权行政执法职能,但涉及知识产权运用的公共服务职能相对被边缘化。二是部分隶属于科技局系统的知识产权局被并入市场监管局后,相当一部分的经费和人员未随之划转,造成一段时间内经费分配以及人员的素质和能力与改革的目标任务要求不匹配,这会影响创新驱动发展战略的实施。总体上,地方政府的知识产权保护职能在政府整体职能架构中仍处于弱势地位。

2. 知识产权行政保护的履职资源较为有限

一是履职手段仍显单一。对于相当部分的地方政府而言,知识产权保护更多地还是一种事后救济,主要采取事后监管和执法措施,缺少事先预防性、激励性的治理手段,尤其是对于社会化治理资源的引入明显不足,知识

---

[1] 张杰:《中国专利增长之"谜"——来自地方政府政策激励视角的微观经验证据》,《武汉大学学报(哲学社会科学版)》2019年第1期。

产权多元共治的合力未能真正形成。

二是基层力量仍较为薄弱。在知识产权行政执法案多人少的局面仍未解决的情况下,知识产权管理队伍建设与知识产权公共服务、知识产权产业化运营等相关市场需求骤增现状不相匹配,后者需要更多的专业工作人员,这就导致基层部门的履职能力严重受限。

3. 知识产权保护职能的实现机制亟待健全

一是知识产权保护职能的部门协作机制有待完善。知识产权保护工作涉及多个政府职能部门,多部门的统筹协调执法机制仍未有效联动,以及知识产权行政执法与司法保护存在不协调、衔接不畅的问题。

二是跨区域府际合作机制仍未完全理顺。目前知识产权领域普遍采取的做法是签订跨省、跨地域的行政协议,但协议的履行却缺乏监督制约机制,行政区划的限制、地方立法的授权、区域经济社会发展的差异等因素加剧了府际联动保护的执行难度。

三是考核评估机制仍未普遍建立。地方党委和政府在实施知识产权保护工作的绩效考评机制时仍未达到规范化、科学化,难以考核和问责导致一些地方政府的不当履职行为无法被及时监督。

四是政府在推动知识产权成果转化、提高专利技术实施率方面还存在明显短板,政策制定的针对性、操作性不强,特别是高校、科研院所仍然存在大量未产生经济效益或社会效益的闲置专利成果。

五是重数量指标而轻质量提升的惯性思维依然存在,不合理的知识产权补贴激励政策及其机械执行,催生了大量低质量专利,与政府开展知识产权管理的良好初衷相悖。

二、原因分析

(一)知识产权行政保护的体制约束

在知识产权保护实践中,由于体制性问题,政府职能转变遇到的掣肘较多,强化知识产权保护的体制机制建设成效不够显著。

1. 地方知识产权综合管理改革有待深化

地方政府的知识产权保护职能具有综合性、复合性、交叉性,决定了支撑这一职能的行政体制改革必须持续深化推进,还要注重行政体制改革与知识产权司法审判体制改革、与政府"放管服"改革的同步协调性。目前,以上海浦东新区政府为代表的知识产权综合管理改革成功样本并不多,相当多的省级政府仍未全面推进这项改革工作,知识产权治理的整体效能难以得到提升,这都构成了影响知识产权保护职能履行的外在体制约束。

2. 中央和地方知识产权保护事权划分有待进一步明确

中央与地方事权划分是界定各级政府知识产权保护职能的根本遵循,事权界定不清导致的中央和地方、上级与下级政府之间的权责冲突问题对地方政府履职构成障碍。这突出表现为各级政府关于知识产权保护的职责重点不够突出、层级区分不够明确、共同事权缺乏明确职责分工,以及各级政府部门之间存在职能交叉、结构重叠等问题。比如,2020年第四次修订完成的《专利法》仍未对地方政府的专利保护职能做出明确规定,使得专利保护职能缺少必要的法律依据。目前来看,关于中央和地方知识产权保护共同事权的职责配置相关立法仍然滞后,缺乏法律法规层面的程序保障,尚未形成规范稳定的中央与地方知识产权保护的合理分权机制。

3. 地方政府知识产权保护职能转变的动力不足

地方政府需要积极转变现有的知识产权保护职能,就必然要依托于行政权的运行及其实现机制的优化完善。即以地方政府为主导,有效推动政府部门之间、政府与市场主体之间以及跨行政区域之间的协同联动,才能形成保护合力。服务型政府建设目标对地方政府的知识产权保护职能转变提出了很高要求:地方政府应尽量避免制定出台诸如财政补贴、规模控制、准入限制等直接干预知识产权转移转化市场的政策性文件;政府要通过健全基础设施、完善产权制度、优化营商环境等高质量公共产品供给,为技术创新建立有效的公共服务体系,通过功能性政策创造良好的专利制度环境和市场创新环境;等等①。地方政府是否有足够的内在动力或外部压力驱动其转变政府职能,以及职能转变的实际效果如何,都存在较大的不确定性。

(二)地方政府职能堕距

本质上,地方政府职能堕距是地方政府职能的"应然图景"与"实然图景"之间的差距。②这主要体现在两个方面:

一是地方政府与中央政府的机构改革或职能转变的进程不同步,这可能是顶层设计的逐层传导机制造成的改革效能递减,也可能是地方政府因地制宜推进改革落实遇到较大的困难阻力,整体上表现为地方政府的职能转变方向、内容、程度等方面相对滞后。

二是地方政府职能与区域经济社会发展需求存在差距。在数字经济高速发展、数据技术深度嵌入市场机理的大背景下,数字政府、服务型政府等新理念新模式要求地方政府尽快完成公共服务职能转变和数字政府流程再造,但传统科层制管理体制形成的路径依赖和追求行政绩效的自利因素等,迟滞了地方政府职能积极适应经济社会发展需求的职能转变进程,地方政府仍难以摒除传统行政管理思维主导下以经济管理职能为主的行政惯例和操作规程。在行政能力层面,由于地方政府职责权限存在一定的模糊性,在追求行政绩效和主体理性的双重激励下,与经济管理相关的行政职能往往能得到积极充分履行,而缺乏经济利益激励的社会管理和公共服务职能却往往被忽视或怠于履行。这共同促成了地方政府职能堕距现象发生。

知识产权领域也没有摆脱政府职能堕距的影响。这具体表现为:

一是某些地方政府的知识产权治理理念落后,缺乏从"管理"到"治理"和"服务"的转变意识,其本质是要厘清政府与市场、企业、社会的关系,政府

---

① 邢瑞淼、闫文军、张亚峰:《中国专利政策的演进研究》,《科学学研究》2021年第2期。
② 谢秋山:《地方政府职能堕距与社会公共领域治理困境——基于广场舞冲突案例的分析》,《公共管理学报》2015年第3期。

要减少不该管、管不了、管不好的事务,实现角色和权力的归位,促进政府职能向"创造良好发展环境、提供优质公共服务、维护社会公平正义"方面转变。

二是某些地方政府的知识产权职能定位不清,缺乏积极行政的意愿和驱动力,"搭便车"、形式主义、推诿扯皮、地方保护主义等问题不同程度存在,即可概括为政府失灵。例如,在专利保护领域的政府失灵是指,政府治理活动不能促进专利质量的提升,反而导致质量降低,主要表现为专利政策失灵和专利管理失灵。前者是指部分专利保护政策的制定不够合理而影响了市场创新资源的有效配置,即在制定政策时未能统筹好短期利益与长远利益、局部利益与整体利益的关系;后者是指囿于专利保护各行政部门之间的不协调,导致专利保护政策难以发挥政策效益。三是部分知识产权职能履行的实施机制不够完善。比如,"职责同构"现象使得地方政府相关职能呈现"上下一般粗"现象,权责界限的模糊严重制约了职能的有效发挥。地方政府职能转变涉及国务院多部门及各级地方政府权力和利益的调整与再分配,重视改革的顶层设计对推进落实地方政府职能转变至关重要;需根据区域发展需要,制定与行政体制、政治体制、文化体制、社会体制等相适应的短期目标和中长期目标,做好地方政府职能转变的战略设计和统筹规划。①

三、优化地方政府知识产权保护职能的基本路径

为人民服务是我们党和各级政府的根本宗旨。加快转变政府职能,必须坚持以人民为中心的发展思想,不断优化政府服务,创造良好发展环境,抓住人民最关心最直接最现实的利益问题,让人民群众有更多获得感、幸福感、安全感。这是地方政府知识产权保护职能持续优化的价值追求。

总体上,地方政府职能优化须遵循以下基本原则:一是制度优先原则。

---

① 张电电、张红凤、范柏乃:《地方政府职能转变绩效:概念界定、维度设计与实证测评》,《中国行政管理》2015年第5期。

要依法依规全面履行法律法规确定的政府职能。现有法律法规(包括《地方各级人民代表大会和地方各级人民政府组织法》)始终未能明确规定地方政府的"公共服务职能",这与法治政府建设的理念和目标不相符,可考虑在《专利法》或地方性法规中明确不同层级地方政府的"公共服务职能"。二是必要性原则。在没有或缺少制度规范的情况下,对于市场能够自主调解、社会组织能够组织的领域,除非必要,政府不得随意介入。政府要干预,应优先选择柔性行政管理方式(比如政策引导、产业扶持、组织协调等),为充分发挥市场作用提供空间。三是成本效率原则。对于缺乏制度规范且难以依靠市场调节的领域,政府介入需要考虑成本效率问题。尤其是在政府管理手段有限、管理能力不足、管理成本较高的领域,要审慎决策政府是否介入以及介入的程度和方式。

(一)职能优化以体制机制为总抓手

改革开放40年,历次政府机构改革基本上围绕"精兵简政、转变职能、优化结构、提高效率"的主线,新一轮党和国家机构改革更是以职能逻辑为主线,职能转变与机构改革呈现出较强的整体性和协同性特征。[1]机构改革目的在于建立职责明确、依法行政的政府治理体系。[2]机构改革已不仅仅是调整机构、精简人员,更是政府治理理念、治理方式、治理效能的变革提升,涉及职能理念、性质、内容、运行方式及在此基础上的机构设置等。[3]

体制是一个静态范畴,它设置主体及其机构,界定其权限和隶属关系。[4]深化行政体制改革,才能为政府履行知识产权保护职能提供最为根本的制度保障。机构改革后的知识产权行政体制的运转效果有赖于中央和地方各个层级管理专利工作部门的各司其职,尤其是要实践"重心下移、力量

---

[1] 孙涛、张怡梦:《从转变政府职能到绩效导向的服务型政府——基于改革开放以来机构改革文本的分析》,《南开学报(哲学社会科学版)》2018年第6期。
[2] 宋世明、王君凯:《我国政府机构改革历程与取向观察》,《改革》2018年第4期。
[3] 王浦劬:《论转变政府职能的若干理论问题》,《国家行政学院学报》2015年第1期。
[4] 易继明:《国家治理现代化进程中的知识产权体制改革》,《法商研究》2017年第1期。

下沉"的改革理念,保障基层市场管理执法队伍稳定和人员专业素养的稳步提升。笔者认为,进一步深化改革的着力点有两方面内容:一是要持续深化知识产权综合管理体制改革,进一步整合有利于知识产权保护职能的组织机构。知识产权问题具有较强的跨区域跨部门特征,地方政府及其职能部门要以更加开放的理念去组建具有合作、协调、共享、共治功能的组织机构,如跨部门的知识产权保护联席会议机制、跨区域的知识产权行政执法协作机制等;要进一步厘清不同层级和不同职能部门的权责界限,建立常态化的衔接协调机制。二是要深化知识产权公共服务体制改革,提供更高质量的知识产权公共产品和服务。在服务型政府建设和深化"放管服"改革进程中,地方政府的知识产权保护职能逐步向知识产权公共服务倾斜。能否有效激活知识产权交易市场、增强行政部门的服务性质、培育真正具有市场竞争力的知识产权交易平台[①],地方政府仍有大量工作需要部署落实。

(二)职能优化以行政事权为核心

从公共管理学角度讲,一个善治的政府必须是各级事权与财权相统一,职能划分清晰、分界合理的多层级政府。[②]其衡量标准是管理职责法定,加强集中统筹;层级管理适度,人员经费匹配;衔接协调顺畅,程序严密规范。

据此,职能优化的核心就是完善知识产权行政保护事权及职责分工。要优化地方政府知识产权保护的职责体系,明确中央与地方政府职责的差异,改善中央与地方长期存在的"职责同构"问题,解决府际关系中的"职责错位、职责越位、职责缺位"等管理问题。[③]为充分发挥中央和地方两个积极性,属于全国性和跨省份的事务,由中央统筹管理,维护国家法制统一、政令统一和市场统一。属于本行政区域的地方性事务,由地方管理,以维护市场运行秩序和社会和谐安定,促进地方经济社会协调发展,满足辖区内居民的

---

① 李雨峰、邓思迪:《知识产权行政保护的未来》,《江苏师范大学学报(哲学社会科学版)》2018年第3期。
② 史明霞:《我国地方政府职能的理性回归》,《中央财经大学学报》2010年第4期。
③ 孙涛、孙宏伟:《比较视野下的中国地方政府改革及其挑战》,《行政论坛》2018年第6期。

实际需求。属于中央和地方共同管理的事务,区别情况,明确管理范围,分清主次责任,全面发挥地方政府贴近基层、就近管理的优势,提高行政效率和管理效能。①

在此基础上,省级政府的职能定位应侧重于"中观管理",即通过制定本地区的知识产权发展规划,出台知识产权保护的地方性法规政策,细化落实国家法律、行政法规以及中央统一决策部署,同时要进一步理顺省级政府与市(区)、县级政府的职责关系;市(区)、县级政府的职能应重在"执行"中央和省级政府出台的知识产权保护方针政策和法律法规,加强对本区域知识产权保护工作的统筹协调,强化知识产权保护的市场监管和行政执法工作。事权划分的法定化需要在立法层面得以体现。《专利法》第四次修改中对机构改革后"管理专利工作的部门"表述已经做出相应调整,期待未来相关法律法规修订过程中进一步明确专利管理部门的职能和权限,为政府在知识产权保护中全面履行职能提供法律制度保障。

(三) 职能优化以公共服务为导向

近几年,政府职能转变的核心内容是深化"放管服"改革,通过优化公共服务提升政府治理能力。服务型政府建设的中心任务是提供服务,评判标准是人民群众的满意度,以此审视和评估政府职能履行过程中存在的问题及其完善。构建让创新主体满意的高水平服务型政府,需要从以下方面努力。

1. 知识产权公共服务的公平性

地方政府不是向某些人或部分群众提供公共服务,而是为辖区内不特定市场主体提供普惠性服务。政府要通过有效的政策措施,营造一个市场导向、企业主体、产学研结合的产权创造氛围,大力支持企业开展原始创新、集成创新,形成高价值专利,实现科技成果的商业化应用和市场转化。在此

---

① 杨俊:《规范明确地方政府职能定位及其职责分工探讨》,《发展研究》2013年第4期。

过程中,政府要当好"裁判员"和"辅导员",不能缺位更不能越位,避免过多干预企业经营行为,为企业营造公平法治的规则环境,提高社会整体的专利创造质量和转化运用效率。在推动知识产权文化建设方面,政府要将社会主义核心价值观灌注于知识产权文化建设过程中,不断形塑政府主导、新闻网络支撑和社会公众广泛参与的知识产权文化宣传体系。每年4月份被政府定位知识产权文化宣传月是很好的常态化文化建设机制,政府还要进一步将创新创业、尊重产权保护的理念扩展至高校、中小学的教育体系中,夯实知识产权保护的文化基础。

2. 知识产权公共服务的优质性

政府要贯彻落实党中央、国务院关于加强知识产权保护的方针政策,特别是习近平总书记关于知识产权保护的重要论述,以实现知识产权领域的治理体系和治理能力现代化作为政府专利保护工作的核心目标。在此前提下,政府部门要积极参与知识产权保护法律规范制定、修订工作,深化知识产权综合行政执法体制改革,积极探索跨领域、跨部门联合执法的衔接协调机制,提高知识产权行政执法水平等。在大数据时代,数据技术已经嵌入政府治理的各个环节,数据赋能可以全面提升知识产权服务质量。比如,对专利行政保护的信息监管,重点是对专利信息适用设置层级监管机制,一方面要推动专利行政执法数据监管平台的构建,对特定行政区域内各类市场主体活动过程中的专利信息及时归集、监督和反馈;另一方面要进一步强化专利行政执法信息公开力度,以信息公开推动专利行政部门全面履行执法责任,同时做好信息保密工作,防止个人信息发生泄露。

3. 知识产权公共服务的能动性

各级地方政府在鼓励激励企业技术创新的同时,应主动探索产学研结合的知识产权管理模式,提升知识产权研发和成果转化水平,形成"共赢",具体举措如:引导改革高校科研评价体系,尝试建立科学的知识产权指标体系,为专利保护职能的评估提供可行的标准,包括专利经济、专利管理、专利文化、专利制度等领域的量化指标;引进第三方评估主体,借助专家智库的科学公正评价提升专利治理效能;鼓励大学生、科研人员在企业任职,促进企业对接高校成立产学研合作中心;加强政企对接,强化知识产权宣传①;扶持中介机构,构建良性服务体系;优化专利保护环境,为区域内专利密集型产业发展提供重点保护;加强专利保护人才队伍建设,造就一支政治素质过硬、业务能力突出的知识产权保护人才队伍;等等。

4. 知识产权公共服务的适配性

知识产权公共服务要根据不同群体特点和需求,提供多元化、可及性的服务方式,避免公众资源浪费。比如,如何规范发展专利中介服务,政府要加强专利中介组织的行业自律,建立行业诚信管理档案和失信惩戒等管理制度,提高中介机构的服务能力,特别是对新形势下涉外专利代理人才培养,政府须定期对专利代理行业的标准规范开展评估工作,促进服务能力和服务质量提升。同时,地方政府要不断创新知识产权公共服务模式,及时满足市场主体需求,如:建立统一的知识产权公共服务平台②;健全协调预警机制③;由地方政府主导,组织企业、高校、科研团队、社会团体等组建知识产权联盟,共同解决技术研究和突破过程中的重点和难点问题;拓宽企业和技术研发主体的融资渠道,鼓励金融机构调整信贷结构,为技术研发提供更便利和最优惠的贷款模式;协调和引导社会中介组织开展专利价值评估、专利质押融资、专利保险、专利证券化等商业运营服务;承担基础专利信息数据库建设

---

① 例如,地方政府可以与地区的党校合作,组成专业性更强的知识产权宣讲小组,定期赴有需要的企业、部门宣讲知识产权知识,及时传达国际、国内知识产权前沿信息和最新政策。地方政府要把日常宣传与专项宣传相结合,建立一套符合当地特色的知识产权宣传体系。

② 例如,政府牵头建立垂直管理的"互联网+"知识产权服务模式,搭建信息检索服务平台,分别建立各地知识产权政策库、知识产权服务机构数据库、知识产权办理专栏、知识产权研究趋势数据库、人才数据库、知识产权相关数量统计专栏等,让各类主体可以通过网络平台及时了解各类知识产权信息。

③ 知识产权协调预警机制是指政府部门结合地区企业的特点,对国内外有关知识产权的信息和资源进行梳理和分析,对知识产权发展重点、可能产生知识产权纠纷的信息及时反馈给相关企业,让企业尽快做出调整和应对,提高企业知识产权管理的效率,减少可能产生的损失。

工作;为企事业单位和社会公众提供专利信息检索、查询以及相关专利运用咨询服务;发布年度专利报告、专利事业发展蓝皮书等公共信息产品;等等。

(四)职能优化要与产业政策密切结合

知识产权政策一般包含三个层面,即竞争政策、公共政策和产业政策。竞争政策重在规定市场经济主体之间的竞争规则;公共政策主要是以公共利益为出发点进行政策配置;而产业政策强调以产业发展为宗旨、以产业利益为主导、以产业政策为法律规范的补充。三者之间既有区别也有联系,并不完全割裂。产业政策的实质是政府对经济活动的一种自觉干预,以实现特定的政策目标,包括实现经济振兴与赶超、结构调整与转换以及保持经济领先地位与维持经济增长势头等。[1]产业政策的灵活性提醒政策制定者必须遵从适度原则。

有学者认为,"专利制度的规定直接或间接地表述了其产业政策目的,反映了产业界利益诉求;专利制度的运用落实了产业政策目标,起到了和产业发展互动的效果"[2];"在各国知识产权的制度设计以及实践上,无不体现出强烈的产业政策立场"[3];没有产业利益的考虑,知识产权制度就不会实现其社会功能[4]。在产业政策视野下,专利制度被视为促进技术进步和经济发展的制度手段,保护"私权"最终是为了促进产业发展。考察不同国家专利制度产生、变迁的历史,不难发现一条隐形的促进产业发展的主线。顺应我国经济高质量发展的趋势和知识产权强国建设的契机,知识产权保护职能优化需要在一定程度上对产业政策需求做出回应。

《与贸易有关的知识产权协定》(TRIPs)要求全体成员承认知识产权为

---

[1] 王先林:《产业政策法初论》,《中国法学》2003年第3期。
[2] 肖志远:《解读专利制度的产业政策蕴含》,《法学杂志》2009年第11期。
[3] 张平:《论知识产权制度的产业政策原则》,《北京大学学报(哲学社会科学版)》2012年第5期。
[4] 张平认为,在立法层面,知识产权制度的法律规范表达了一国产业政策的目的,反映了一定时期产业界的利益需求;在司法和行政执法层面,知识产权制度的运用则落实了产业政策目标,形成与产业发展的互动。参见张平:《知识产权制度基本理论之讨论》,《科技与法律》2011年第4期。

私权,并且不允许成员对协定的该条款作出保留。对此,知识产权本质上是私法上的一种权利,对知识产权的认识应以对权利(私法上的权利)的认识为起点。①然而,"必须牢牢记住一点:专利最初是作为技术转让和建立新工业的工具出现的,这对于我们研究专利制度的演变问题十分有益"②。从政策维度解释历史上一些专利立法、司法或执法活动对某些问题的处理会更加确切。比如,近年来由美国主导的知识产权条约化立法及强保护与其本国的产业政策相捆绑,专利保护制度背后隐藏着一只产业政策的"无形之手"在发挥作用。

1. 历史考察

硅谷最著名的IT专栏作家丹·吉尔姆(Dan Gillmor)说:"把知识产权描述成一种绝对的财产权,完全是一种误导,是颠倒了逻辑,混淆了历史。当初建立知识产权保护制度,根本目的就是鼓励创新,促进社会发展。"③发明专利作为一种正规的制度,最先采用的国家是威尼斯。威尼斯的专利法一般被认为是具有现代专利法特点的第一部专利法。该法特别强调增进社会利益是授予专利的理论根据"。④英国1624年的《垄断法》被公认为专利制度诞生的标志,乃因该法通过赋予新技术和新发明的创造者暂时的垄断权来实现技术进步和产业发展。

美国将知识产权纳入宪法,其第1条第8节授权国会"通过为作者和发明者各自的作品和发明给予有期限的排他性权利来推动科学与有用的人文科学的发展。强调'有用的人文科学'突出了立法的商业意图及其背后实用主义的理念"。⑤在百废待兴的美国建国之初,农业、商业和制造业发展所需

---

① 朱谢群、郑成思:《也论知识产权》,《科技与法律》2003年第2期。
② 世界知识产权组织:《知识产权纵横谈》,张寅虎等译,世界知识出版社1992年版,第21页。
③ 《信息空间》编辑部:《一份将改写知识产权发展历史的报告》,《信息空间》2004年第4期。
④ 汤宗舜:《专利法教程》(第三版),法律出版社2003年版,第7页。
⑤ [美]苏珊·K.塞尔:《私权、公法——知识产权的全球化》,董刚、周超译,中国人民大学出版社2008年版,第59页。

要的技术成为当时立法的重点目标,专利制度作为一项鼓励国内人才从事发明创造、鼓励国外技术人才将技术转让给美国的制度,在制度的功能上就扮演了产业政策的作用。总统华盛顿在对国会发表就职演说时特别强调,制定专利法要便于引进外国的发明,要鼓励在本国实施新发明,发展国家的经济。①在19世纪大部分时间里,美国是一个纯技术进口国,但19世纪后半期当美国公司在技术上实现突破时,对知识产权进行弱保护的情况发生了变化。美国专利政策的演变与反托拉斯紧密相连。

德国、日本和韩国在它们发展的早期阶段也都几乎使用了关税、补贴及其他手段来推进工业发展。为了应对先进国家阻止技术外流的各种措施,较落后的国家采取了各种手段乃至非法手段获取先进技术。这些国家的企业家和技术工人经常在国家明确表示同意,甚至是积极鼓励下从事工业间谍活动。②印度作为发展最快的发展中国家之一,曾因为对药品实行较弱的专利保护,有过未能吸引外资医药研发投资的经历。仅以1993年为例,全世界最大的30个药品生产国中,仅有16个国家在印度有直接投资。③相似的典型例子就是,1869—1912年,荷兰没有制定专利法;瑞士的专利制度不保护化学专利,这是为了保护瑞士本土的化学工业,使其免受强大的德国竞争对手的冲击。

作为20世纪知识产权最重要的协议,TRIPs开创了一个成熟的、有约束力的全球知识产权体制,而"主角"是一个由12个美国成员组成的特别的知识产权委员会④。委员会联合其在欧洲和日本的同行,以工业国家现行法律为基础,精心准备了一个提议,并于1988年提交给关贸总协定(GATT)秘书

---

① [荷兰]乌·安德费尔特:《国际专利法和发展中国家(英文版)》,荷兰尼霍普出版社1971年版,第13页。
② [英]张夏准:《撤掉经济发展的梯子:知识产权保护的历史教训》,郝正非译,《国际经济评论》2002年第6期。
③ Ali Imam, "How Patent Protection Helps Developing Countries", *Geneva Papers on Risk and Insurance Issues and Practice*, Vol.1, 2005.
④ 1986年,知识产权委员会的成员是:布里斯托尔-迈尔斯;美国哥伦比亚广播公司CBS;杜邦;通用电器;通用汽车;休利特-帕卡德;IBM;强生;默克;孟山都;辉瑞。

处,随后在 1994 年的乌拉圭回合谈判上通过 TRIPs 协议,实现了该委员会的目标。历史是客观的,但对历史资料的解读是相对主观的产物。上述史料可以明确得出,一国的知识产权保护制度与其本国的产业政策密切相关。

2. 制度检视

知识产权请求权是一种实体法上的救济权,没有独立存在的目的,也不具有独立的行使性和让予性。[①]权利的属性为立法规定产业目的或其他法律价值的预设留下了一定的弹性空间。

(1) 美国的亲专利政策。由于 20 世纪 80 年代美国经济的国际竞争力急剧下降,虽然具备世界最高水平的技术实力,但由于知识产权保护不力,而使高科技产业蒙受严重损失。为了充分发挥美国高科技产业提振经济的重任,里根政府积极推动亲专利政策。更重要的是,将知识产权纳入贸易政策的范畴,极大地提高了美国政府的知识产权保护水平。根据《1982 年联邦法院改进法》,美国设立了美国联邦巡回上诉法院。联邦巡回上诉法院的设立是亲专利运动最重要的改革,对美国专利政策产生了极为深远的影响。[②]由于美国是判例法国家,亲专利政策在司法判决中的表现之一是等同原则在侵权认定中的适用尺度。美国最高法院在 Graver 案[③]中确立了权利要求等同解释的基本标准,即"方式、功能、结果三重检验标准"。这种方法的缺陷是比较容易导致对权利要求做较宽的解释,将原权利要求中没有提到的范围纳入保护范围内。[④]虽然在半个世纪之后,美国最高法院通过 1997 年的 Hilton 案[⑤]及 2002 年的 Festo 案[⑥]严格限制了等同理论的适用[⑦]。

---

① 李扬:《知识产权法基本原理》,中国社会科学出版社 2010 年版,第 86 页。
② 张勤、朱雪忠:《知识产权制度战略化问题研究》,北京大学出版社 2010 年版,第 90 页。
③ 张本勇、陈健淋:《专利主题名称中功能性技术特征的等同认定》,《人民司法》2020 年第 23 期。
④ 李涛:《美国专利侵权诉讼中等同原则的演进及其借鉴》,《电子知识产权》2003 年第 9 期。
⑤ 金铮:《论禁止反悔原则在专利司法中的适用(下)》,《科技创新与知识产权》2011 年第 11 期。
⑥ 潘福来:《论对专利侵权判定等同原则的限制》,厦门大学硕士学位论文,2006 年。
⑦ 从"三要素准则"适用之初所采纳的整体效果分析方法到后来的逐项要素比较并增加辅助判断方法,从"等同原则"确立之初偏重专利权人的利益到用"禁止反悔原则""全部要素原则"作为对等同原则的限制。

而在联邦巡回上诉法院设立后,从第一任首席大法 Howard Markey 开始就采取了明确的强烈的亲专利路线,联邦巡回上诉法院的 12 名法官中,大多数受亲专利路线的支配,在审理专利侵权案件时大多适用等同理论①,尽力扩大权利要求及其等同物的范围。此举有效地保护了美国的知识产权相关产业健康发展。

(2) 日本的专利审查制度。1885 年公布的《专卖专利条例》被视为日本第一部专利法,主要参考美国和法国的立法。随着经济发展的需要及《保护工业产权巴黎公约》的加入,日本对该法进行了多次修订。在经济发展初期,为了引进国外的先进技术,日本通过降低审查标准以鼓励本国发明人申请改进型专利,同时歧视性地延长外国人的专利申请时间。借此机会,不仅为本国发明人学习、模仿外国技术留有足够时间,也通过大量外围专利的申请使外国公司的初始核心专利失去商业价值。一个典型的例子:在 20 世纪下半叶美日之间在集成电路领域的激烈竞争中,日本为了对抗以美国德州仪器公司为首的集成电路芯片业对其集成电路厂商的挑战,单就美国德州仪器公司的一项集成电路发明专利申请,日本专利局就拖了 30 年才批准。②可以说,日本专利局以专利审查拖延的独特方式在很大程度上达到了遏制美国半导体业对国内产业的冲击。

(3) 我国《专利法》第三次修改确立绝对新颖性标准。TRIPs 协议对缔约各国授予专利仅限定了最低"三性"标准,基于各国经济发展水平的差异,对于新颖性并未作出强制性规定。这使得在不同国家之间形成了相对新颖性和绝对新颖性两种授权标准。《专利法》第三次修改调整了以前对于发明和实用新型专利采用的相对新颖性,③修改后关于绝对新颖性的定义④,取消了对现有技术的地域性限制,并对抵触申请作了扩展。绝对新颖性提高

---

① 李明德:《美国知识产权法》,法律出版社 2003 年版,第 84 页。
② 王贻志、莫建备:《国外社会科学前沿》,上海人民出版社 2006 年版,第 499 页。
③ 参见 2000 年修改的《专利法》第 22 条。
④ 参见 2008 年修改的《专利法》第 22 条。

了专利授权的标准,有利于刺激国内创新能力的提高,顺应了我国经济发展方式的转变。改革开放以来,我国凭借廉价劳动力优势和优良的招商引资环境,以劳动密集型为主的低端制造业异军突起,出口外向型作为主要的经济发展方式,赢得了"世界工厂"之称。此时的相对新颖性标准为国内企业学习、引进外国先进技术提供了便利。随着我国劳动力成本上升,经济发展方式的转变需要我国不断提高自主创新能力,强化国内企业的国际市场技术竞争能力。绝对新颖性的确立符合我国经济总体发展趋势,不可避免地也会对相关产业造成影响。以我国通信产业为例,《专利法》第三次修改在专利新颖性方面适用"绝对"标准,对通信行业不同参与者而言,机会、挑战迥异;通信运营业由于伴随开放的推进且尚未建立足够的专利防御,挑战大于机会;通信设备制造业,绝对新颖性的导向与其自身市场诉求一致,从目前来看,机会大于挑战①。每一次专利法修改的背后,都存在着各种利益的博弈,尤其会对中国的高新技术产业产生深远影响。

3. 产业政策需求

"初看起来知识产权是一种先进制度,然而,实际却是一种既能促进也能延滞国家产业发展的制度。因此,人们在进行技术转移时就既应积极利用这一制度,又应对其加以适当限制,作出全面考虑。"②创新驱动成为我国当前及未来发展的主旋律。我国经济发展方式的转型以及创新能力的变化,需要改良、重构知识产权政策体系,政策重心应放在激励创新和产权运用,应该更加注重知识产权质量的提高而不是单纯地追求数量积累。③

从外部环境看,发达国家和跨国公司在重要技术领域进行专利收购、专

---

① 郭小明、沈剑锋、王海波:《专利法第三次修改对我国通信产业的影响》,《电子知识产权》2009年第5期。
② [日]富田彻男:《市场竞争中的知识产权》,廖正衡等译,商务印书馆2000年版,第1页。
③ Dan Prud'homme: "Dulling the Cutting-Edge: How Patent-Related Policies and Practices Hamper Innovation in China",载欧盟商会网,http://www.china-iprhelpdesk.eu/zh/helpdesk-news/204-29092012-new-study-dulling-the-cutting-edge-how-patent-related-practices-and-policies-hamper-innovation-in-china,2012年12月。

利布局。同时,从制度层面,发达国家一方面通过知识产权国际协调机制推行强保护,另一方面利用各种手段打压发展中国家与激励自主创新相关的知识产权和竞争政策。①在日益复杂的国内外形势下,战略性新兴产业是我国经济发展向高质量转变、建设创新型国家的关键支撑,对我国经济社会全局和长远发展有着重大引领带动作用。战略性新兴产业与生俱有的创新要素密集、高投入、高风险、高回报等特点决定了专利政策支持是推进产业发展不可或缺的重要制度因素。专利制度是与自主创新能力建设最密切相关的制度之一,产业政策需求可以通过具体的法律制度转化得以在专利制度中体现,也可以先行通过政府自身职能的有效履行,直接推动事关国家科技发展战略、关键核心技术领域的科技产业政策落地见效。

当前,知识产权已经成为我国经济建设的主战场和科技竞争的主力军,是很多经济主体把握创新领域主动权和稳定获得全球技术资源支持的重要抓手,关键核心技术更是"国之重器"。我国产业链中仍存在部分"卡脖子"技术、基础领域仍存在部分"短板"技术,只有实现重要产业、基础设施、战略资源、重大科技等关键领域安全可控,才能确保国家科技安全。知识产权的创造、运用、保护活动就是为科技安全工作储能和赋能。为此,亟须深化要素市场化配置体制机制改革,引导各类创新主体在关键前沿领域加强自主研发和专利布局,加强知识产权交易和运营服务,更好发挥知识产权制度激励创新的制度保障作用;否则,不仅会违背专利制度促进技术进步的立法宗旨,也会给相关产业造成损失。需要重申的是,知识产权保护职能的优化须始终关注国家和区域层面的重点产业发展,以及相关产业政策的制定和执行情况,并将此作为知识产权政策调整、知识产权保护职能履行以及地方政府知识产权绩效评估的重要参考标准。

---

① 前注欧盟商会的这份报告中也对我国的自主创新政策及相关专利促进政策委婉地提出了批评;2012年10月,美国众议院情报委员会以维护国家安全为由阻挠华为、中兴两家中国通信企业进入美国市场。

第二章
主体维度：地方政府知识产权保护职能运转的核心中枢

省级（包括省、自治区、直辖市）政府是地方政府职能配置及其运转的核心，是政府知识产权职能履行最为重要的行政主体。从职能分工上看，省级政府不仅承担着贯彻落实国家法律法规、政策措施的行政任务，也承担着辖区范围内的政策制定、执行及其监督职责。具体到知识产权治理领域，省级政府的职能配置、部门设置、机制实施等方面最为完整系统。其中，省级知识产权局又处于知识产权保护职能履行的中枢地位，牵引协调其他行政部门。鉴于此，本书以省级政府为核心，重点考察省级知识产权局的机构设置与职能配置情况，以阐述地方政府知识产权保护职能的主体要素。

第一节 做为核心中枢的省级知识产权局及其现状概览

2018年3月，《国务院机构改革方案》公布，自中央到地方的知识产权行政体制开启新的改革进程。从内在逻辑上，机构改革遵循行政任务决定行政组织的原理①，在厘清知识产权行政任务的基础上，推行简政放权，削减政

---

① 戢浩飞：《机构改革的理论逻辑与实践探讨——基于行政职能的分析视角》，《学术论坛》2019年第1期。

府职能;从改革目标上,行政体系改革架构并形塑我国的知识产权治理基本结构,推动知识产权治理现代化①;从改革动力上,体制改革破解知识产权支撑创新驱动发展的瓶颈②;从改革路径上,政府在抽象层面制定与时俱进的知识产权政策与规则,在具体层面强化知识产权行政保护③。省级知识产权局负责一省辖区内的知识产权顶层设计与统筹协调,指导并承担具体的知识产权市场监管、行政执法和公共服务职能。知识产权行政保护状况主要依赖于地方政府对中央政策精神的实施力。④经过本次机构改革,在统一市场监管体制下,我国长期存在的知识产权保护"部门林立"、执法体系碎片化以及协调机制不畅等问题得到了很大的改善。⑤

本章分析本轮知识产权机构改革的背景,并梳理全国 31 省份公布的机构改革方案,从机构类型、职能配置、内设部门等方面进行具体分析。

一、本轮机构改革后省级知识产权局机构设置模式

经由地方试点经验的导引和国家层面的顶层设计,2018 年机构改革中,国家知识产权局进行了重组⑥,地方政府的机构改革方案中相应调整知识产权行政管理体制和运行机制,在统一市场监管体制下,分别采取省政府直属机构、部门管理机构或者挂牌机构三种模式,实现专利、商标两大类知识产权的集中管理和执法。

---

① 易继明:《国家治理现代化进程中的知识产权体制改革》,《法商研究》2017 年第 1 期。
② 宋世明、张鹏、葛斌斌:《中国知识产权体制演进与改革方向研究》,《中国行政管理》2016 年第 9 期。
③ 吴汉东:《新时代中国知识产权制度建设的思想纲领和行动指南——试论习近平关于知识产权的重要论述》,《法律科学》2019 年第 4 期。
④ Bryan Mercurio, "The Protection and Enforcement of Intellectual Property in China since Accession to the WTO: Progress and Retreat", *Social Science Electronic Publishing*, 2012.
⑤ 万里鹏:《论我国专利行政执法权的边界》,《湖湘论坛》2016 年第 4 期。
⑥ 国家知识产权局是国家市场监督管理总局管理的国家局,实现了商标、专利、原产地地理标志、集成电路布图设计等知识产权的综合管理。载中华人民共和国知识产权局网,http://www.cnipa.gov.cn/gk/gkzzjg/1121359.htm,2020 年 7 月 21 日。

(一)省政府直属机构模式

本轮改革中,北京市知识产权局是唯一跻身省级政府直属机构的知识产权职能部门,机构规格虽降为副局级,但仍具有较强的专业性和独立性,凸显其重要地位。鉴于特殊的区位优势和体制沿革,北京市知识产权管理体系较为完备,下辖中关村知识产权促进局、北京市知识产权维权援助中心、国家知识产权局专利局北京代办处等五个直属部门,承担着重要的管理职能。①

(二)部门管理机构模式

上海、重庆、天津、江苏、湖北、陕西、辽宁、黑龙江、广西、海南、青海11省份将知识产权局设置为省级市场监督管理部门的管理机构,与中央机构改革保持一致。部门管理机构在职能配置、内设部门和领导职数等方面相对独立,主要是涉及工作中的重大决策部署要接受主管部门统一管理。②由于部门管理机构负责人一般是主管部门的班子成员,通过参加主管部门行政首长召集的工作会议,也是重要的日常管理方式。相比直属机构,部门管理机构的决策受限。比如,部门管理机构对外行文时,原则上需要报经主管部门审核批准。省级知识产权局被设置为部门管理机构,一方面是在机构改革编制紧缩的背景下与中央改革方案保持一致,另一方面也是在保留已有编制、领导、人员队伍、软硬件设施等行政资源基础上,充分发挥知识产权局的专业管理能力。

(三)挂牌机构模式

除了北京、上海、重庆、天津、江苏、湖北、陕西、辽宁、黑龙江、广西、海南、青海之外,其余19省份均在市场监督管理局(厅)加挂知识产权局牌子,不再保留单设的知识产权局。相对于实体机构,挂牌机构一般不单独核定编制和领导职数,职能具有从属性。知识产权管理是省市场监督管理局

---

① 比如,中关村知识产权促进局承担着中关村国家知识产权制度示范园区的实施工作,该园区是国家知识产权局与北京市政府共建的唯一一家国家级知识产权制度示范园区。
② 张克:《省级大数据局的机构设置与职能配置:基于新一轮机构改革的实证分析》,《电子政务》2019年第6期。

(厅)履行的部门职责之一,由其内设处室(知识产权保护处、发展处、促进处等)承担具体工作。改革中,部分省份在市场监管局加挂知识产权局牌子以外,仍保留或新成立相对独立的知识产权机构,"挂牌机构＋知识产权事业单位"的运行模式仍具有一定独立性,甚至如四川省知识产权服务促进中心本来就隶属于省政府直属事业单位。设立挂牌机构,一是基于区域内知识产权事业发展,需要有实体化的行政事业机构提供服务;二是因循既有成熟的知识产权管理体系,避免行政资源闲置浪费。特别是对于事业单位性质的知识产权管理机构,其设立或保留还有行政编制规模控制的考量。

二、本轮机构改革后省级知识产权局职能配置概览

本轮机构改革在市场监管、应急管理、环境保护等多个领域都体现了"行政任务"导向,从"因沿过去的业务领域"为主转向"任务整合"为主,围绕行政任务整合了同类职能[①]。基于行政管理过程视角,省级知识产权局行政权细化为决策权、执行权和监管权三个方面。

(一)决策权:拟定知识产权地方性政策法规及规范性文件

决策权包括但不限于负责拟定全省知识产权相关政策、法规和标准,起草省级相关地方性法规草案、政府规章草案,拟定并实施严格保护知识产权的制度措施,制定知识产权规范性文件;拟定全省知识产权战略、发展规划、公共政策并组织实施等。

(二)执行权:知识产权保护、运用和公共服务

执行权主要包括:负责组织指导省域范围内的知识产权纠纷处理、维权援助、海外预警、专利导航工作,依法履行各类知识产权法律法规赋予的行政执法权;促进知识产权转移转化,指导规范知识产权评估、转让、许可、质押等交易活动,实施知识产权激励奖励制度;统筹指导知识产权公共服务体

---

① 贾圣真:《行政任务视角下的行政组织法学理革新》,《浙江学刊》2019年第1期。

系建设,构建公共服务平台,培育、发展和监督知识产权服务行业;统筹协调省际知识产权执法协作工作等。

(三)监管权:知识产权执法监管与服务市场监管

根据管理对象不同,主要可分为针对行政部门和市场主体两类。第一类是对全省知识产权管理基本秩序承担监督职责,规范省内各级知识产权行政执法活动,指导知识产权综合执法队伍建设;第二类是对知识产权代理机构、中介机构、行业企业的合法合规经营进行日常监管,推进知识产权中介服务体系建设和知识产权社会信用体系建设等。

相较于机构改革前,省级知识产权局的职能设置变化主要体现在两个方面:一是强化了知识产权市场监管职能,在统一的市场监管体制下,实现对所有市场主体的知识产权创造、转化、运用活动的全链条、全方位监管;二是调整了知识产权行政执法职能的责任主体,知识产权行政处罚职能统一由市场监管局履行,省级知识产权局保留专利行政裁决、行政调解职能。任务整合之后,省级知识产权局得以从繁琐的执法活动中抽离,主要职能聚焦于知识产权保护体系建设、公共服务产品供给、统筹协调沟通等管理性事务。

三、省级知识产权局内设部门概况

检索各省级知识产权局"三定方案",除了挂牌机构仅保留若干知识产权职能处室外,直属机构和部门管理机构都设置了功能相对完整的内设部门。

(一)部门设置数量存在差异

北京市知识产权局的内设部门数量最多,海南省知识产权局仅有4个内设部门,其余相对独立的知识产权局内设部门数量介于6—8个(见表2-1)。内设部门数量直观反映了机构的权力运行架构和模式。对于内设部门较多的省级知识产权局,积极方面是省域知识产权创造、保护、运用需求旺盛以及管理服务的精细化,但可能存在管理职能交叉重叠、行政效率不高的问题;对于内设部门较少的省级知识产权局,符合"精干设置"的改革方向,但应注意内设部门的最低人员配备标准,避免因行政编制数少导致人员行政任务负担过重,或为完成任务招聘编外人员而引发的"同工不同酬"、晋升空间差别大等新的矛盾。①

表 2-1　机构改革后具备相对独立性的 11 家省级知识产权局内设部门

省份	参谋类内设部门	业务类内设部门
上海	办公室(组织人事处)、政策法规处、战略规划处、国际合作交流处	知识产权保护处、知识产权发展促进处、公共服务处、知识产权代办处
北京	机关党委(工会)、人事处、知识产权协调处、政策法规处、办公室(财务审计处)、国际交流合作处(港澳台办公室)、宣传教育处	知识产权保护处、知识产权管理处、知识产权运用促进处
重庆	办公室、规划与政策法规处、机关党委	知识产权保护处、运用促进处、公共服务处(专利代办处)、重庆摩托车(汽车)知识产权信息中心
天津	办公室(信访处)、政策法规处(国际合作交流处)、战略规划处(知识产权信息处)、机关党委办公室(人事处)	专利管理处、知识产权运用促进处、知识产权保护处、专利管理处(专利代办处)、商标管理处
江苏	办公室、政策法规处、规划发展处(对外交流合作处)、宣传教育处(人事处)、机关党委	知识产权保护处、产业促进处、知识产权服务处
湖北	办公室、规划发展处、人事处(机关党委)	保护协调处、运用促进处、商标和地理标志处
陕西	办公室(机关党委)、政策法规处、规划协调处	保护处、运用促进处、公共服务处(知识产权代办处)
辽宁	办公室、规划发展处、机关党委(人事处)	知识产权服务处、行政审批处、知识产权保护处(省政府知识产权办公会议办公室)、知识产权运用促进处
海南	综合处、政策法规处	知识产权保护合作处、知识产权运用服务处

注:省级市场监管局的内设机构数量庞大,涉及知识产权管理的部门有两个左右,名称一般为"知识产权保护处""知识产权促进处",鉴于篇幅所限,本表未列出挂牌机构性质的省级知识产权局内设机构。

---

① 仇大源、束晓清:《关于部门及内设机构编制配置的思考》,《中国机构改革与管理》2019 年第 1 期。

（二）部门设置类型存在差异

参谋类内设部门侧重体系管理与政策研究，辅助机构领导班子对整个组织治理体系进行管控。如表 2-1 所示，参谋类内设部门主要为办公室、政策法规处、规划发展处等。参谋类内设部门除了承担基础的行政事务工作，更多被赋予政策研究职能，尤其是政策法规处和规划发展处所拟定的政策建议一旦被通过或采纳，便对业务类内设部门的工作职责产生约束。同时，参谋类内设部门对于业务人员作出的具体行政行为也具有监督审查权。业务类内设部门具体承担业务管理权。表 2-1 所示的业务类内设部门主要是知识产权保护处、运用促进处和公共服务处，对应地方知识产权局的管理、执法、服务三项基础职能。

第二节 本轮机构改革后省级知识产权局管理体制存在的问题

总体上，省级知识产权局机构改革的方案及其实施与中央决策部署保持一致，在统一市场监管体制下相对集中行使知识产权管理与执法职能，重新厘定了地方知识产权事权，因地制宜统筹机构编制和内设部门，推进地方知识产权管理体制机制改革向纵深发展。但是，依据行政任务决定行政组织的机构改革标准，本轮机构改革后的省级知识产权局仍未达到机构功能定位明确、职能配置合理、内设部门设置科学的理想状态，行政任务仍然不够清晰，难以完全满足知识产权事业发展的现实需求，可能成为制约我国知识产权强国建设的瓶颈因素。[1]

---

[1] 肖尤丹：《专利行政职能制度改革思路研究——以加快知识产权强国建设为发展背景》，《中国科学院院刊》2016 年第 9 期。

一、省级知识产权局功能定位不够清晰

地方知识产权局的职能缺少法律上的明确界定，使得机构改革前的省级知识产权局在机构性质、级别规格、隶属关系上各不相同，机构改革后，上述问题得到一定程度的解决，但机构定位仍有待明确。

（一）挂牌机构的省级知识产权局定位虚化

出于机构编制限额的考虑，挂牌机构是省级政府在完成机构改革的"规定动作"和"自选动作"之后，为上级机关在省级层面找的对应机构。挂牌机构的目的在于确保知识产权局系统的上下衔接通畅以及形式上完成知识产权管理职责的归并。事实上，成为挂牌机构的省级知识产权局，丧失了实体化独立运作的资格，仅保留两个左右的知识产权职能处室履行省级知识产权局的法定权限，也只有在上下对接知识产权事务时或基于政策需要而临时被启用，大部分时间处于机构"休眠"状态。

（二）设有事业单位的省级知识产权局易产生政事不分、管理不规范等问题

机构改革后，部分知识产权管理部门的事业单位性质得以保留，履行相关知识产权行政管理职能。①事业单位与行政部门的性质差异决定了事业单位是实施政府某项公益事业的社会组织，由事业单位主要或额外承担行政职能会产生政事不分、管理不规范、行政职能体外循环等问题。部分省份将本该由行政部门承担的行政职能间接地转为事业单位性质的部门或机构承担，某种程度上有悖于本次机构改革要求。②比如，广东、山东、福建三省知识

---

① 比如，广东组建广东省知识产权保护中心，为省市场监督管理局管理的事业单位，将原来单设的省知识产权局相关职能划转到省知识产权保护中心（事业单位）；山东省原知识产权局更名为省知识产权事业发展中心，为省市场监督管理局所属事业单位；福建省原知识产权局更名为省知识产权发展保护中心，为省市场监督管理局所属事业单位；四川省组建省知识产权服务促进中心，作为省政府直属事业单位。

② 《中共中央关于深化党和国家机构改革的决定》明确指出："全面推进承担行政职能的事业单位改革，理顺政事关系，实现政事分开，不再设立承担行政职能的事业单位。"

产权局变更为省市场监督管理局的挂牌单位后,原知识产权局更名为事业单位性质的知识产权保护中心,省市场监督管理局负责全省的知识产权保护工作,保护中心也涉及知识产权保护的政策拟定、标准制定、体系建构等职责,在职责履行中难免会出现"政事不分"、权限重叠的问题。

(三)处于机构序列末端的知识产权局资源能力调动有限

机构改革前,北京、上海、广东等省级知识产权局是正局级的政府直属机构,在人员编制、经费预算、政策制定、职权行使等方面享有较大的独立自主权。机构改革后,省级知识产权局普遍降格,即便是保留直属单位性质的北京市知识产权局也降为副局级,这在整体上会限制知识产权行政管理权能发挥,相应削弱其省域内的资源调配能力。在知识经济飞速发展的时代,知识产权局需要承担越来越多与知识产权密集型产业发展有关的推广促进工作、与知识资本运营转化有关的金融支持工作、与高新技术企业有关的快速确权保护工作等。在我国行政体制框架下,行政规格降低会产生一系列连锁反应。例如,受限于局领导级别而无法参加省级政府重要决策议事会议,只能依靠主管领导上报、传达政策信息,信息经逐级传递、过滤后难免失真、滞后,可能会影响知识产权工作的顺畅开展以及知识产权事业发展规划的前瞻性、协调性与科学性。而且,在省级市场监督管理局内部也会有资源再分配考量,后来加入的知识产权局在市场监管体制下的资源配置也受到一定的限制。[①]

二、省级知识产权局职能配置不够合理

部门职能配置主要依据"三定方案"、权力清单、责任清单确定。[②]省级知

[①] 本书试图以部门管理机构模式的省级知识产权局的"一般公共预算支出"年度增减情况,反映资源调配能力的变化,但受限于公开数据的可获得性,只能从官方网站上查到上海、天津、重庆、湖北、陕西、江苏6省局2019年和2020年的"一般公共预算支出"数据。其中,上海市2020年"一般公共预算支出"比2019年预算减少1992万元;重庆市减少893万元;天津市基本持平;陕西省增加117.98万元,原因是新增行政人员6名;湖北省增加422.04万元,主要用于基本支出;江苏省增加1689万元,主要原因是增加住房公积金和提租补贴、增加日常公用支出等。

[②] 宋华琳:《政府职能配置的合理化与法律化》,《中国法律评论》2017年第3期。

识产权局的机构职责,一部分以独立的知识产权局职责界定明确,一部分则混合规定于市场监督管理局的机构职责中。

(一)职责内容规定不一,存在淡化管理职责的情况

从机构独立性视角分析职责规定中存在的问题。一是对于直属机构和部门管理机构,内容表述差异大。比如,有关知识产权行政管理的对象类型,北京、上海规定专利、商标、原产地地理标志;重庆、天津、江苏、陕西、海南拓展至集成电路布图设计等知识产权;湖北概括性地用知识产权表明管理权限涉及所有类型的知识产权;辽宁沿用原专利管理表述而未体现综合管理改革方向。①二是对于挂牌机构,受限于地位、经费、能力等体制因素,涉及知识产权的管理职责规定得较为简略。除了广东将知识产权管理与市场监督管理放在同等重要地位,其余省份的知识产权行政职责均被市场监管职能涵盖。比如,浙江共19条职责内容中仅有第16条规定知识产权监督管理内容;山东、福建简略规定"负责全省知识产权保护及商标、专利执法工作等"。②诸如此类规定,在很大程度上会限制地方知识产权管理部门的行为能力和工作成效。

(二)职能转变不到位,大部分未规定涉及职能转变的内容

本轮改革中,仅有个别省份规定职能转变内容。③政府职能转变与深化"放管服"改革、服务型政府建设以及优化营商环境密切相关,大部分省级知识产权局改革未能体现职能转变的最新精神,这就使得知识产权行政职能

---

① 参见北京、上海、重庆、天津、江苏、陕西、海南、湖北、辽宁省级知识产权局官方网站公布的机构编制"三定方案"或"机构职责"内容的相关规定。
② 参见浙江、山东、福建省级市场监管局官方网站公布的机构编制"三定方案"或"机构职责"中涉及知识产权内容的相关规定。
③ 天津市涉及三项职能转变内容:提升专利代办服务便利化水平、加快公共服务平台建设以及加强专利侵权纠纷的裁决和调处工作。湖北省涉及三项职能转变:加快知识产权信息公共服务平台建设、推进商标和专利申请质量提升以及加大知识产权保护和信用监督力度。陕西省涉及两项职能转变内容:建立健全知识产权信息公共服务体系和规范专利和商标注册申请行为。参见天津、湖北、陕西省级知识产权局官方网站公布的"机构职责"相关规定。

的设置仍停留在原有框架下。职能转变不到位主要表现为:知识产权市场监管职能未理顺①;行政管理与公共服务难以区分②;专利执法职能和商标保护职能的划转有待细化明确③;公共服务职能能力缺乏,基础公共服务平台建设薄弱,促进知识产权运用的公共服务有效供给不足④;等等。

(三) 职能分工不明确,普遍缺乏与关联机构的权责划分

现有行政保护体制下,版权执法归属于版权管理部门,公安部门涉及知识产权违法犯罪案件的侦查工作,商务部门涉及与经贸有关的知识产权保护职责。知识产权局需要经常与这些机构协调配合,但由于其处于省级行政序列末端,本身的协调能力有限,一旦与相关机构难以建立行之有效的协作机制,就很容易出现推诿扯皮、权责脱责,使得省知识产权局的统筹协调职能流于形式。目前,知识产权执法实践中广泛推行的多部门联合执法、协作执法等"专项治理"活动,在产生积极效果的同时也遮蔽了权限冲突客观存在的现实弊端。⑤

---

① 这主要体现在部门管理机构模式下省级知识产权局与市场监管局之间的职责内容规定缺乏衔接。比如,上海市知识产权局的机构职责规定中并未涉及市场监管内容,也没有明确其与市场监管局的职能划分;而上海市市场监管局的"机构职责"第(五)款相关规定是以执法职能代指监管职能,限缩知识产权市场监管的范围。参见上海市知识产权局、上海市市场监管局官方网站公布的"机构职责"相关规定。
② 这主要体现在省级知识产权局与其所属单位(如知识产权保护中心)之间的职责混同、政事不分。比如,四川省知识产权服务促进中心是省政府直属事业单位,"负责全省知识产权创造、运用、服务等服务促进工作",其与挂牌机构模式的省级知识产权局之间的职责边界较为模糊。参见四川省市场监管局、四川省知识产权服务促进中心官方网站公布的"机构职能"相关规定。
③ 机构改革中,专利行政处罚职能划归市场监管局行使,但知识产权局仍负责专利行政裁决和行政调解工作,且两类专利执法行为应不断强化,以满足市场主体通过非诉讼方式解决纠纷的迫切需求;商标保护职能从形式上划归知识产权局行使,包括商标保护标准制定、执法监督指导、商标确权以及公共服务职能等,但市场监管局基于统一市场监管职责,仍对商标事务享有一定的管理权限。从目前的"机构职责"中,除了天津市知识产权局专门规定这方面职责划分,其他省份未见相关规定。
④ 这主要体现在挂牌机构模式的省级知识产权局,知识产权公共服务职能相对弱化。比如,山西省市场监管局(知识产权局)的"法定职责"中并没有涉及知识产权转化、运用、促进等公共服务相关内容。参见山西省市场监管局官方网站公布的"机构法定职责"相关规定。
⑤ Dimitrov Martin, *Piracy and the State: The Politics of Intellectual Property Rights in China*, Cambridge: Cambridge University Press, 1 edition, Sep 7, 2009, p.96.

三、省级知识产权局部门设置不尽科学

由于我国的机构编制立法相对滞后,机构设置、职能配置和编制管理的刚性不足①,在地方实践中,混编混岗、部门设置不科学、挂牌机构实体化等问题突出。这些问题在省级知识产权局的部门设置上亦不同程度存在。

(一)内设部门与人员未能根据改革新形势做调整

机构改革后,天津同时设置知识产权保护处、专利管理处和商标管理处;湖北在设置保护处以外又设立了商标地理标志处;江苏、重庆设置发展促进处和公共服务处,存在处室之间的职能交叉与重叠②。上海、北京在改革后的内设部门数量和名称并未做相应调整,但规格都降至副局级。一般意义上,组织结构的复杂性与组织规模大小呈正相关关系,结构越复杂意味着组织内部次级单位越多,更强调业务部门的专业性保障③。在业务量持续增长和部门设置不变的情况下,业务部门人员短缺与管理职责加大之间的矛盾,会限制省级知识产权局行政管理效能的提升。

(二)参谋类与专业类内设部门设置不平衡

挂牌机构和相对独立的省知识产权局都设置了参谋类和专业类两种内设部门。从两类部门的数量名称上看,仍存在不平衡问题。其一,参谋类内设部门强于业务类内设部门。比如,北京市知识产权局有7个参谋类内设部

---

① 王艳杰、唐莹瑞:《机构设置和编制管理立法评估及重构路径》,《四川行政学院学报》2018年第4期。
② 以湖北省知识产权局的内设部门为例,保护协调处负责"起草相关知识产权地方性法规、省政府规章草案。负责知识产权争议处理、维权援助和纠纷调处,承担行政复议、应诉、裁决等工作"。商标和地理标志处负责"拟定商标和原产地地理标志监管措施和办法。组织指导商标、原产地地理标志及特殊标志、官方标志保护工作"。两者对比,在知识产权地方性法规、规章、规范性文件起草方面以及知识产权行政保护方面存在明显的职能交叉。究其原因,可能是机构改革后,原市场监管局负责商标保护和原质监局负责原产地地理标志的相关人员、编制随之划转。参见湖北省知识产权局官方网站公布的"内设机构"相关规定。
③ Hal G. Rainey, *Understanding and Managing Public Organizations*: *Fifth Edition*. San Francisco: Jossey-Bass, 2014, p.217.

门,但只有 3 个处室承担业务类工作,这种较多依赖参谋类内设部门的政策研究、起草职能的设置模式,会加重业务部门工作量和业务人员工作压力,也是一种机构臃肿的表现。其二,挂牌机构普遍弱化参谋类内设部门。挂牌机构一般只设置 2 个业务处室负责知识产权保护和服务方面的基础职能,至于知识产权政策制定、规划发展、协调统筹等事项并未做专门安排。参谋类内设部门过于简单,相关政策研究与业务审查职责随之弱化,会使得业务类内设部门的具体行政行为及其政策依据的合法性、科学性不足,业务人员陷于烦琐的实务工作中而缺乏宏观政策的敏感性,妨碍业务能力的提升。

第三节 省级知识产权局部门设置与职能配置的优化

党的十九届四中全会对国家治理各方面重要制度做了系统提炼和前瞻性部署。新形势下,省级知识产权局机构设置与职能配置有继续优化的必要性。体制机制是深化知识产权领域改革的核心命题。以机构改革为契机,省级知识产权局的部门设置与职能配置处于不断调整的动态优化过程中。从行政法视角,机构改革势必导致行政任务的调整,亟须从规范分析和学术支撑上厘清行政职能体系。

一、省级知识产权局部门设置与职能配置优化的必要性

机构改革是一个不断调整完善的过程。顺应新的国内外政策环境与我国知识产权事业发展趋势,省级知识产权局的管理体制机制变革应与时俱进。

(一)治理现代化与知识产权保护事权划分

治理现代化的核心是制度。知识产权制度是保护和激励创新的基础法

律制度,在推进国家治理体系和治理能力现代化过程中发挥重要作用。在新的历史时期,我国知识产权保护须按照治理现代化的要求,实现"由口号治理到法律治理、政策治理到规则治理,以及理念治理到制度治理的根本性转变"①。

在《中共中央关于坚持和完善中国特色社会主义制度、推进国家治理体系和治理能力现代化若干重大问题的决定》(以下简称《决定》)中,特别提到中央与地方的知识产权事权划分原则。②一方面,加强中央事权体现了中央对知识产权领域重大宏观问题的精准把握。适当加强中央的知识产权保护事权,有利于中央加强宏观管理、区域协调和涉外事宜统筹,更好地支撑创新驱动发展战略③,也是为了解决由于地方保护导致的执法标准不统一等问题。另一方面,"减少并规范中央和地方共同事权"也表明了中央进一步简政放权的态度,支持地方创造性地开展工作,需要发挥地方积极性以加强分级服务、激发创新活力。当然,中央和地方事权划分与财政体制改革密切相关④。《决定》关于知识产权事权划分规定,是基于我国知识产权保护状况和未来事业发展趋势做出的重大判断,有助于构建"权责清晰、运行顺畅、充满活力"的知识产权工作体系。

(二)政府职能转变与知识产权领域"放管服"改革

2020年1月1日,国家知识产权局印发《〈关于深化知识产权领域"放管服"改革、营造良好营商环境的实施意见〉的通知》,着眼于深化简政放权、创新监管方式、提高服务水平、强化组织领导等方面,进一步推动知识产权领

---

① 孔祥俊:《由政策治理到规则治理——当前我国知识产权保护的转型问题》,《中国市场监管研究》2020年第4期。
② 关于如何"健全充分发挥中央和地方两个积极性体制机制",《中共中央关于坚持和完善中国特色社会主义制度、推进国家治理体系和治理能力现代化若干重大问题的决定》中提出:"适当加强中央在知识产权保护、养老保险、跨区域生态环境保护等方面事权,减少并规范中央和地方共同事权。"
③ 楼阳生:《健全充分发挥中央和地方两个积极性体制机制》,《人民日报》2019年12月5日。
④ 杨志勇:《中央和地方事权划分思路的转变:历史与比较的视角》,《财政研究》2016年第9期。

域职能转变。在"放管服"改革背景下,知识产权行政管理职能要做"加法",提高行政管理效能;行政执法职能要做"减法",将专利侵权纠纷尽可能交由司法处理;行政服务职能要做"乘法",地方知识产权行政部门要为权利人提供更加积极主动的公共服务产品以及建立平台机制。治理现代化是从原先的管理模式到治理模式、从管控思维到服务思维、从控制型政府到服务型政府的转变。

具体到知识产权领域,就是实现知识产权管理从相对低效向更高效能转变,在纵向上打通创造、运用、保护、管理、服务"全链条",在横向上实现各类知识产权的协同效应。[①]"放管服"改革效果是对地方政府治理能力的重要衡量指标之一。相应地,地方知识产权领域"放管服"改革的目标、内容、路径等由同级党委、政府通盘考虑,与地方政府职能转变步调一致。[②]

(三)强化知识产权保护与营商环境优化

2019年11月24日,中共中央办公厅、国务院办公厅印发《关于强化知识产权保护的意见》,围绕"严、大、快、同"保护四个方面首推一系列创新举措,从顶层设计上将知识产权保护工作提到新的高度。2020年1月7日,国家知识产权局印发《关于深化知识产权领域"放管服"改革 营造良好营商环境的实施意见》,其第3条专门规定如何"创新监管方式,优化创新环境"。

当前,知识产权行政保护不再局限于私益导向下的消极监管,而是基于优化营商环境的政策立场实施主动监管,诸如知识产权信用监管、"互联网+"大数据保护、跨区域联合执法协作等凸显公益导向。[③]2020年7月15日,国务院办公厅发布《关于进一步优化营商环境更好服务市场主体的实

[①] 申长雨:《加强知识产权保护、扩大对外开放》,《光明日报》2018年4月12日。
[②] 以上海深化知识产权领域"放管服"改革为例,正在结合政务服务"一网通办"和城市运行"一网统管"建设,推进知识产权保护理念创新、流程再造、能级提升。参见上海市委书记李强在"上海知识产权保护大会"上的讲话,http://www.sipo.gov.cn/zscqgz/1148161.htm,2020年4月26日。
[③] 戚建刚:《论我国知识产权行政保护模式之变革》,《武汉大学学报(哲学社会科学版)》2020年第2期。

施意见》指出,要"进一步提高商标注册效率"、优化知识产权等动产和权利的担保融资服务。知识产权保护与营商环境优化密切相关,强化知识产权保护就是提高市场主体的满意度和感受度。这就需要知识产权管理部门始终对标市场主体的实际诉求,不断推进知识产权保护能级提升、保护机制完善以及保护规则创新。

二、省级知识产权局部门设置与职能配置优化的路径

当前,省级知识产权局在深化体制机制改革中仍存在功能定位不够清晰、职能配置不够合理、部门设置不尽科学等问题。在行政任务清晰化配置的导向下,为提高地方知识产权综合治理效能,有必要在"合法性—有效性"框架下促进知识产权局机构要素深度融合,在"职责同构"与"职责异构"辩证统一下厘清省级知识产权事权,在"规定动作"与"自选动作"有机结合下合理设置知识产权局内设部门,在统一市场监管体制下强化知识产权行政保护职能。①

行政任务是政府机构设置与职能配置的基本依据,重点在于界定行政主体的行为范围,强调事权的优化配置。现有文献中,对于知识产权行政保护如何回应行政任务变迁以及更好地实现行政任务的研究较为欠缺,即关于知识产权行政职能配置的基本原理与实践指导论述不足。②本次机构改革赋予地方知识产权管理部门更多的自主权,省级机构改革方案因地制宜设

---

① 万里鹏、杨静:《市场监管体制下省级知识产权局部门设置与职能配置优化研究》,《中国行政管理》2021年第1期。
② 行政任务是行政法学研究中的基础理论命题,是新时代行政法治革新的主要理论范式之一。近年来,关于行政任务的研究成果较为丰富。参见陈爱娥:《国家角色变迁下的行政任务》,《月旦法学教室》2003年第3期;郑春燕:《行政任务变迁下的行政组织法改革》,《行政法学研究》2008年第2期;徐健:《行政任务的多元化与行政法的结构性变革》,《现代法学》2009年第3期;于立深:《多元行政任务下的行政机关自我规制》,《当代法学》2014年第1期;贾圣真:《行政任务视角下的行政组织法学理革新》,《浙江学刊》2019年第1期。知识产权行政保护作为部门行政法制的具体领域,在知识产权保护"双轨制"体系下发挥重要作用,但鲜见基于行政任务视角的论述,知识产权管理部门的行政职能配置缺少普遍性的学理支撑。

立了不同类型的知识产权管理架构。笔者以各地公开的省级机构改革方案为样本,基于行政任务的理论研究视角,全面梳理省级知识产权局的部门设置与职能配置情况,针对存在的体制机制瓶颈问题,提出优化省级知识产权局职能体系、提高地方知识产权综合治理效能的对策建议。

笔者认为,为进一步提高知识产权综合治理效能,以行政任务清晰化配置为导向,可以从以下四个方面着手优化省级知识产权治理的体制机制,完善职能体系。

(一)在"合法性—有效性"框架下促进机构要素深度融合

合法性是公共部门存续必须具备的基础资质,有效性是支撑组织创新、实现组织绩效的根本要求,两者结合是治理现代化所面对的核心命题。① 省级知识产权局的合法性依据主要是中央和地方机构改革方案、本部门的"三定方案"以及涉及知识产权行政管理的法律法规等。"三定方案"编制了知识产权局机构改革的制度笼子,从人员配置、机构设置和职能配置等方面完成"物理形态"的改革任务。从行政法基本原理分析,地方知识产权行政管理职能包括但不限于,拟定知识产权领域的地方性法规和规范性文件的行政立法权,以及实施行政处罚、行政裁决、行政监督检查、行政奖励等具体行政行为。为持续深化知识产权领域改革,在实现提质、增效等目的之外,更需要注意新调整部门在人员、职能和组织领导上的"真正整合"问题,② 即对有效性的积极探索。有效探索体现于省级知识产权局在治理实践中不断归纳、总结、创新,构建起常态化的知识产权治理创新机制。

根据"放管服"改革和服务型政府建设要求,知识产权局所承担的公共服务体系建设、产业发展与促进、开放合作、跨领域跨部门的事务协调职能等,亦属于知识产权管理职能范畴。目前部分省局未完全"剥离"事业单位性质的知

---

① 林尚立:《在有效性中累积合法性:中国政治发展的路径选择》,《复旦学报(社会科学版)》2009年第2期。
② 任敏、李玄:《合法利用与有效探索:机构改革中的地方新部门如何实现真正整合?》,《北京行政学院学报》2019年第5期。

识产权保护和公共服务职能，需进一步深化改革，诸如在行政编制紧缩的情况下解决事业单位人员转编转岗的现实难题。已完成行政部门改革的省局，应加快转变政府职能，落实简政放权、优化服务等改革要求，通过政府购买服务方式由其他事业单位或者企业承担知识产权公共服务相关工作，构建由知识产权局牵头、政企合作、多主体参与的知识产权治理体系。作为新合并的机构，省级知识产权局需要重新整合机构各类资源要素，在组织运行、职能拓展、干部队伍建设等方面积极探索，真正在"化学层面"实现机构改革目标。

（二）在"职责同构"与"职责异构"辩证统一下厘清地方知识产权事权

纵向间政府机构设置主要遵循"职责同构"和"职责异构"两大理论。① "职责同构"，是指知识产权市场监管职责和行政执法权由市场监管局的专业执法部门行使，其他职责由具有独立性的知识产权局履行；"职责异构"体现为知识产权行政管理职责由市场监管局下不同的内设部门行使，不同省份知识产权局的主要职责、内设部门差异较大。职能配置的前提是明确行政任务，即实现"任务"与"组织"的匹配性。总体上，基于行政任务的知识产权事权优化有两个维度。

1. 中央与地方知识产权职能配置

机构改革后，从中央到地方，知识产权局与市场监督管理局之间的关系得以重构。以行政任务为标准，国家知识产权局与国家市场监管总局的职责分工明确②，国家知识产权局与商务部、国家版权局的职责分工也在"三定方案"中有所说明③；省级知识产权局（市场监督管理局）的"三定方案"中很

---

① 张志红：《中国政府职责体系建设路径探析》，《南开学报（哲学社会科学版）》2020年第3期。
② 根据国家知识产权局的"三定方案"，与国家市场监督管理总局的职责分工表述为："国家知识产权局负责对商标专利执法工作的业务指导，制定并指导实施商标权、专利权确权和侵权判断标准，制定商标专利执法的检验、鉴定和其他相关标准，建立机制，做好政策标准衔接和信息通报等工作。国家市场监督管理总局负责组织指导商标专利执法工作。"
③ 与商务部的职责分工：国家知识产权局负责统筹协调涉外知识产权事宜；商务部负责与经贸相关的双边知识产权对外谈判、双边知识产权合作磋商机制及国内立场的协调等工作。与国家版权局的职责分工：有关著作权管理工作，按照党中央、国务院关于版权管理职能的规定分工执行。

少见到对标中央层面的职责分工,在统一市场监管体系下自主设置知识产权行政职能。两种机构设置思路下,作为主管部门的市场监管局重在强化领导力,知识产权局或职能处室重在提升执行力,在市场监督管理局的全面领导下负责推进知识产权地方性法规拟定、标准化建设、保护体系构建等工作,并在基本理念、原则、程序等方面与市场监管体系保持一致。在后续改革过程中,地方政府需突出地方特色和传统管理优势,促进内部协同常态化、规范化。

2. 从横向上的跨部门、跨区域职能配置

省级知识产权局要进一步厘清其与版权管理部门、商务部门、公安部门等的职责边界关系,这依托于常态化或临时性衔接协调机制的构建完善。常态化机制诸如行刑衔接机制、与贸易有关的知识产权协商谈判机制,临时性机制如针对展会和重点市场的知识产权跨部门联合执法行动等。为贯彻落实"优化协同高效"的改革目标,知识产权管理部门的流程再造、清单式管理、信息技术平台辅助等有利于明晰主体权责,进而优化配置相关事权。

(三)在"规定动作"与"自选动作"有机结合下合理设置内设部门

公共机构治理理论认为政府治理的重心是处理好以内设部门为主体的"核心层"关系[1]。从目前的改革进展看,地方知识产权局内设部门呈现"类聚性"和"同构性"的普遍样态[2],如何在"规定动作"与"自选动作"有机结合下,形成特色鲜明、运转高效、保障有力的内设部门仍任重道远。在历次机构改革中,中央一般会对地方改革中的"规定动作"与"自选动作"作出指导性部署。具体到省级知识产权局,应当不折不扣地完成"规定动作",即整合专利、商标、原产地地理标志等版权除外的知识产权管理和执法职能,相应设置知识产权保护和公共服务职能部门;可以因地制宜做好"自选动作",主

---

[1] Dommett K, Maccarthaigh M, Hardiman N, "Reforming the westminster model of agency governance: Britain and Ireland after the crisis", *Governance*, Vol.4, 2016.

[2] 刘朋朋:《中国政府机构改革的主旋律:同构性与类聚性》,《中共福建省委党校学报》2019年第4期。

要体现在如何提升知识产权综合管理效能以及优化公共服务体制机制,结合省域知识产权事业发展阶段、产业发展趋势以及市场主体的产权保护诉求,创新设置特色的知识产权公共服务、产业促进、维权援助等职能部门。两者有机结合是优化省级知识产权局部门设置的基本导向。

在此前提下,部门设置要避免职责交叉重叠,综合管理部门应强化协调服务、政务公开、宣传报道、督察督办等核心职责,保护部门应聚焦知识产权"严"保护体系建设、多元化纠纷解决机制与快速维权机制构建等,公共服务部门应围绕市场主体健全公共服务平台、金融信贷支持、专利预警及导航等。同时,协调处理业务部门和参谋辅助部门之间的关系。一方面,在机构设置和人员编制日趋紧缩的背景下,要把优势资源向业务管理部门倾斜,相应减少参谋辅助类内设部门数量,特别是对于具备独立性的知识产权局,不能因维持机构自身的行政系统运转而过多占用行政资源;另一方面,参谋类内设部门是不可缺少的,尤其是对挂牌机构,应在市场监管局的部门设置中保留负责知识产权政策法规和综合协调相关职能处室,对知识产权事业发展做好战略布局,为基层业务部门及工作人员提供政策理论指导。

(四)在统一市场监管体制下进一步强化行政保护职能

省级知识产权局机构改革以行政任务为基础,将知识产权局并入市场监管局,是为了避免"政出多门"、职责交叉,从而统一市场监管事权,提高市场监管执法综合效能。①省级知识产权局发挥着贯彻中央决策部署和指导基层保护实践的承上启下作用,需要持续完善制度、优化机制。

一是确立省级知识产权严保护政策导向,拟定符合省域知识产权保护状况的政策、法规、规范性文件、执法标准等。由于我国不同省份的知识产权发展阶段差异性大,地方政府需要对标中央及时做好地方知识产权政策

---

① 2020年7月3日,全国人大发布《中华人民共和国专利法修正案(草案二次审议稿)》,第69条新增"负责专利执法的部门"条款表述,对专利行政执法主体作出修改,即是对市场监管局下属执法部门负责专利行政执法的法定依据,载全国人大网,http://www.npc.gov.cn/flcaw/userIndex.html?lid=ff80808172b5fee8017313b6232c2b55,2020年7月9日。

法规立改废工作,不断提高政策制定的合法性、科学性和有效性。

二是加强社会监督共治,构建地方知识产权"大保护"工作格局。省级知识产权局需要综合运用法律、行政、经济、技术等手段,在行政体系内部以及全社会形成知识产权保护的强大合力,健全行政执法、仲裁调解与司法审判之间的衔接机制,以适应知识产权纠纷解决多样化、快捷化、专业化的市场需求。

三是加强监管执法力度,完善信用惩戒机制。在统一市场监管体制下,健全以"双随机、一公开"监管为基本手段、重点监管为补充、信用监管为基础的新型知识产权监管机制,加大对故意侵权、重复侵权、群体性侵权行为的惩处力度,统一执法标准,优化执法流程,协调跨区域行政执法工作等。

四是加强基础条件及平台建设。地方知识产权局系统仍处于机构整合后的职能转变、人员融合阶段,省级知识产权局须进一步畅通工作机制、整合执法力量,加强各类知识产权人员培训工作。在基础条件建设方面,重点建立健全省级知识产权信息网络和侵权监测平台,加大知识产权公共服务资源的有效供给。

因篇幅所限,本书重点讨论了省级知识产权局机构改革的总体框架及其职能配置情况,未按照时间跨度精细分析省级知识产权局的机构演变,且由于信息公开不全未能获取完整的省级知识产权局机构与职能的详尽数据。未来,基于行政任务、行政职能等行政法基础理论以及改革实践经验,全面分析地方知识产权管理部门的体制革新、职能转变、流程再造是深化研究的重要方向。

第三章
对象维度：地方政府知识产权保护职能履行的市场回应

在"服务型"政府理念下，政府知识产权保护职能的履行是为市场主体服务的，保护职能的设定、实施及其优化的主要目标是让创新主体享有高品质的知识产权公共服务。在具体的履职过程中，与其利益相关的行政对象不仅限于知识产权权利人，还涉及潜在的或已存在的知识产权侵权人。即知识产权保护职能的履职对象主要包括两类主体：一是从正面保护维度上的知识产权权利人；二是从负面惩戒维度上的行政相对人。本书将这两类主体统称为职能履行的利益相关人。

第一节 知识产权保护职能履行的相关市场主体概述

一、利益相关人与参与式行政

在我国行政法学界，对于行政保护利益相关人的研究主要是从三种意义上展开。一是从行政法的理念意义上，提出参与型行政是行政法的发展趋势。行政主体及其他组织在行使行政权、从事国家事务和社会公共管理事务的过程中，广泛地吸收私人参与行政决策、行政立法、行政决定以及行政执行的过程,尊重私人的自主性和创造性,一定程度上承认私人在行政管理活动中的主体性,共同创造互动、协调和对话行政的程序和制度。①二是从基本原则上,认为行政参与是行政法的一项基本原则。利益相关人是指受权力运行结果影响的人,有权参与行政权力的运作,并对行政决定的形成发挥有效作用。②参与原则作为行政法的一项基本原则,其背后的支撑是利益相关,即行政行为的作出与行政参与人的利益存在密切关系。三是从权利意义上,指出行政参与权是行政过程中当事人的一项重要权利。参与权改变了行政法律关系中主体双方的地位,重构了双方的权利义务关系,形成新型的行政法律关系,即参与式行政法律关系。③无论是把参与视为行政法的理念、基本原则还是权利,学者均把参与理解为一种行政现象或一种行政法律制度,认识逻辑大体包含以下四个要素,即参与主体、参与客体、参与方式和参与目标。④

首先,对于参与主体,包括除行政主体以外的所有受行政权影响的利害关系人。科恩曾经论证参与主体的资格,即凡生活受到某项决策影响的人,都应该参与决策的制定过程。⑤据此,凡是受到特定行政权的行使影响的个人或组织,都有资格参与该项行政过程。以"利害关系人"作为参与资格的认定标准,行政相对人和行政相关人就是能够参与行政过程的适格主体。其次,对于参与客体,则指向行政权的实施过程。从动态角度看,行政参与的客体就是行政行为,除了行政主体所作的私法行为,包括现代行政法学所谓的行政法律行为、行政事实行为和准法律行为等。⑥如果从行政程序的角度,行政参与应该贯穿整个行政程序的事前、事中和事后。再次,对于参与

---

① 杨建顺:《论科学、民主的行政立法》,《法学杂志》2011年第8期。
② 王万华:《行政程序法研究》,中国法制出版社2000年版,第186页。
③ 邓佑文:《行政参与权对新型行政法律关系的构造》,《学术界》2012年第2期。
④ 李卫华:《行政参与主体研究》,法律出版社2012年版,第18页。
⑤ [美]卡尔·科恩:《论民主》,聂崇信、朱秀贤译,商务印书馆1988年版,第15页。
⑥ 杨海坤、蔡翔:《行政行为概念的考证分析和重新构建》,《山东大学学报(哲学社会科学版)》2013年第1期。

方式,应不局限于特定方式,只要是能够表达利害关系人之利益诉求的机制都是参与的可能方式。从种类上看,参与的方式趋于多样化。最后,参与的目标是尽可能地实现利害关系人对行政权的影响,以免受行政主体不公正之对待。利害关系人参与行政过程,就是想通过自己的意见表达和利益诉求的提出,以促使行政主体从多个角度分析行政权运行的功能和效果。尤其是在行政主体享有较大的行政裁量权的情况下,更需要参与主体向行政主体提供必要的信息。由此,行政主体与参与主体既有利益的冲突和博弈,也有相互之间的合作与支持。

综合以上四个基本要素的分析,可以对利益相关人和参与式行政有一个较为清楚的认识:行政参与是受行政权影响的利害关系人参与到行政过程中,通过表达利益诉求以希望影响行政决定并维护自身正当利益的行政活动;参与权是利害关系人参与行政过程的基础,行政参与的权利化是达致行政参与目标实现的必由之路;参与式行政是行政主体与私主体之间的意志与力量的交互过程,而不仅是行政主体单向度地对私主体实施管理;参与式行政是平衡私人利益与公共利益、行政权与私权利的过程,而不仅仅是行政主体构建管理秩序的行为;参与式行政更多依赖于公众参与实现公共利益,而不是单纯依靠行政主体的力量;交互性、衡平性和公共性是行政参与的基本特征。①

二、利益相关人的概念界定

从称谓上讲,各国行政程序法对与行政程序利益相关的主体表述有"当事人""利害关系人""相对人""关系人""程序参与人"之说。②虽然称谓各异,但共通之处是,对参与行政程序的私主体地位又进一步区分,明确了"行政

---

① 万里鹏:《论我国专利行政处罚权的边界》,知识产权出版社2017年版,第133页。
② 应松年:《外国行政程序法汇编》,中国法制出版社2004年版,第49页。

相对人"与"第三方"均属于参与行政程序的私人主体。①我国行政法学对这两类主体也做了区别对待，典型的表述是："直接相对人和间接相对人"②"行政行为明指的相对人和受行政行为结果影响的相对人"③"行政相对人和行政相关人"④等。在现有的法律条文中，也出现了"利害关系人"和"第三人"称谓⑤。本书使用"利益相关人"概念，是基于两点考虑：一是利益相关人相较于其他概念表述更具有优势，既能够明确区分其与行政相对人的不同逻辑关系，准确定位与行政主体之间的法律关系，也避免与行政诉讼中的相关概念混淆；二是"相关人"概念比较适于指代参与知识产权行政保护程序且有利害关系的行政相对人以外的主体。

对于利益相关人的界定还有必要指出，在行政法视域下，一般用行政相关人指代与行政保护职能履行存在利益关联的主体。引用学者李卫华的观点，行政相关人是指参与到业已发生的行政法律关系中、与行政行为有法律上之利害关系、其正当权利或利益在客观上可能受到行政行为影响的个人或组织⑥。行政相关人与行政相对人在法律地位上的区别主要有：相对人与相关人在参与行政法律程序上有先后之分，相对人往往是法律关系的源动力；相对人、相关人与行政主体之间的利害关系有相反方向性，相应的利益诉求也有反方向性；行政行为对相对人权利、义务的处分是直接的，对相关人则是间接的。当然，相对人和相关人之间也存在相同点和相互关联性。相同之处在于，两者同为行政法律关系的私人主体，平等地享有权利和负有

---

① 比如：《意大利行政程序与公文查阅法》区分为"行政措施可能造成直接后果的行政相对人"和"行政措施可能造成损害且依法参与行政措施的第三方"；《韩国行政程序法》区分为"因行政主体之处分而直接成为相对人的当事人和参与行政程序的利害关系人"；《日本行政程序法》区分为"相对人"和"与不利益处分有利害关系的人"。
② 姜明安：《行政法与行政诉讼法（第五版）》，北京大学出版社2011年版，第139页。
③ 方世荣：《论行政相对人》，中国政法大学出版社2000年版，第52页。
④ 肖金明：《行政许可要论》，山东大学出版社2003年版，第8页。
⑤ 比如：《行政许可法》第36条中对"利害关系人"的相关规定；《行政复议法》第10条中对"利害关系人"和"第三人"的相关规定等。
⑥ 李卫华：《行政参与主体研究》，法律出版社2012年版，第121页。

义务,所指向的权利义务客体也相同。两者的关联性主要表现为彼此之间会形成民事法律关系,如专利申请人单独申请专利的行为对专利共有人的侵权,这种民事法律关系在一定程度上从属于行政法律关系。①

将行政相对人和行政相关人的一般性结论运用于此,知识产权保护职能的利益相关主体可以划分为知识产权权利人和行政执法相对人这两类。前者是职能履行的服务主体;后者是知识产权行政执法制度规制的对象。两者的联系是彼此存在或可能存在利益纠纷关系,政府职能的履行就是为了尽可能地修复两者之间的关系。在行政保护程序之外,知识产权权利人仍可就双方未决纠纷诉诸司法程序或其他纠纷解决机制。

三、利益相关人的基本权利

知识产权保护职能的主体是管理知识产权工作的部门,利益相关人是与之相对应的行政对象,即行政主体行政行为影响其权益的个人、组织。知识产权行政保护的利益相关人在行政法律关系中享有的权利包括但不限于以下几种:参与权、知情权、正当程序权、申请复议权和提起行政诉讼权等。具体而言:

第一,参与权是指利益相关人为维护其合法权益而参与到行政程序过程中,就相关的事实认定和法律适用阐述自己的观点,以影响行政机关作出有利于自己的行政行为的权利。②参与权是一个权利体系,其下位的权利包括获得通知权、陈述申辩权、管辖请求权等。参与权贯穿知识产权行政执法权运行的全过程,无论是知识产权侵权纠纷的处理,还是知识产权行政处罚的查处,行政相对人都有权介入行政程序并对执法权的行使予以监督。《专利法实施细则》第81条规定,当事人有权向管理专利工作的部门请求处理或

---

① 万里鹏:《论我国专利行政处罚权的边界》,知识产权出版社2017年版,第134页。
② 龚文龙、李友林:《试论宪政视野下行政相对人参与权的完善》,《四川师范大学学报(社会科学版)》2012年第6期。

者调解专利侵权纠纷;《专利行政执法办法》第 26 条规定了管理专利工作的部门接受举报发现涉嫌假冒专利行为的应及时立案,即行政相关人举报专利违法行为的权利;《专利行政执法办法》第 35 条赋予当事人在专利侵权纠纷处理过程中书面请求管理专利工作的部门调查取证的权利等。

第二,知情权集中表现为听证请求权和信息公开权。知情权是宪法和法律保障公民的一项基本权利,除法律、法规规定应予保密外,相关人有权依法了解和获取行政主体的相应行政信息。行政相关人也有权就知识产权行政执法过程中涉及的事实和法律问题阐明自己的主张以及申请救济的权利,例如,《专利法实施细则》第 83 条规定了假冒专利产品销售者的免责事由等。尤其是对于行政相对人而言,执法部门作出的具体行政行为直接影响其切身利益,专利行政处罚案件信息公开制度更是与行政处罚相对人的利益密切相关。①阳光是最好的防腐剂,信息公开是对权力最为有效的监督机制。听证程序的适用范围可能会因案件复杂程序有所区别对待,但行政执法主体有义务在特定范围内对其执法行为及相关依据进行明示。

第三,正当程序权有其独立存在价值,是利益相关人行使所有权利的制度保障。正当程序权散见于法律、法规中。从广义上讲,基本上所有有关知识产权行政保护程序的规定均属于规范行政权运行的程序。由于我国还未颁布《行政程序法》,但在诸如《专利行政执法办法》等中对行政执法程序作出了规定,比如回避、管辖、证据规则等。其中,证据规则是较为核心的内容,这方面规定目前还比较薄弱,导致在执法过程中执法主体与行政相对人的控辩质证难以规范化进行。

第四,申请复议权和提起行政诉讼权属于行政救济权,是利益相关人权利的核心。知识产权权利人的申请权对于知识产权行政执法程序的启动及

---

① 参见国务院批转全国打击侵犯知识产权和制售假冒伪劣商品工作领导小组《关于依法公开制售假冒伪劣商品和侵犯知识产权行政处罚案件信息的意见(试行)》、国家知识产权局印发《关于公开有关专利行政执法案件信息具体事项的通知》。

其运行显得尤为重要。知识产权行政执法相对人认为自己的合法权益受到知识产权行政部门及其执法人员的违法、不当行为侵害后，有权提出行政复议或行政诉讼。

第二节　知识产权权利人视角下的职能履行

从知识产权权利人的视角，行政主体维护的社会公共利益与其自身利益往往是不相冲突的，甚至具有较高的共通性。在强化知识产权保护的基本理念下，亟待提高地方政府职能履行的效益水平。一方面，依赖政府职能转变过程中的改革内驱力，以及职能部门和工作人员的行政意识和能力；另一方面，来自创新主体本身的积极作为，即通过知识产权权利人合法权益的行使，有力推动政府更好地履职尽责。在这过程中，职能履行不再是政府部门单向度的事情，需要知识产权权利人的配合与协助。由此形成"公私互动"的行政法律关系，得以从权利人视角审视地方政府的知识产权保护职能。

一、知识产权权利人参与行政保护程序的制度空间

现代行政法律制度重构了行政主体与知识产权权利人的关系，两者都以一种较为积极的态度发挥各自优势，行政权与私权形成了一种平衡互动、相辅相成的依存关系。

一方面，现行法律法规为知识产权权利人提供了参与行政保护程序的途径，其对于知识产权违法、侵权行为的举报往往是启动行政执法程序的直接原因。比如，专利权人举报专利违法行为，管理专利工作的部门接受举报发现涉嫌假冒专利行为的应及时立案，在此情况下，举报行为促使了专利行政处罚程序的启动；在专利行政处罚程序的调查阶段，专利权人的陈述构成

了执法人员查明案情以及定案的重要证据,同时专利权人基于自身利益考虑也会尽可能地向执法人员提供其他证据资料。可见,除了享有法律赋予行政程序参与人的基本权利,专利权人的发起权与行政法律关系的联系较为密切,这也成为专利行政执法主体与对象之间关系互动的主要联结点。甚至在后续可能的专利行政诉讼中,专利权人作为行政诉讼的利害关系人参与其中,并通过自己的陈述、申辩以利于法院查明案情,推动法院裁定已作出的行政处理决定的效力。由于专利侵权的隐蔽性强、重复侵权现象严重、侵权违法的调查取证较为困难等基于专利权属性所造成的困境,管理专利工作的部门需要专利权人等利害关系人的参与与配合。

另一方面,知识产权权利人的权益行使也可能构成阻却行政程序的要件。比如,专利权人在行政处罚程序中免予不利的陈述、申辩;专利权人对专利行政执法主体消极执法或执法不当的检举、监督等。依据现行法律法规,专利权人对管理专利工作部门的职能履行没有必须予以协助的义务。再比如,专利权人不履行行政处罚的协助义务不能成为限制或者剥夺参与权的法定理由;专利权人的协助不能产生不利于己的后果,否则可以拒绝履行协助义务。政府知识产权保护职能的公益性所产生的利益可以"恩泽"于社会上的所有个人,即使作为行政处罚程序中的行政相对人也不例外。[①]即知识产权权利人追逐自利,有可能导致其放弃成本日益提高的参与权,但这种心态并不具有法律上的可责性。质言之,知识产权行政保护主体以外的利益相关人是否参与行政程序,"成本—收益"的权衡才是参与主体作出决策选择的根本动因。知识产权权利人的主动参与,可能会给行政主体带来压力,也必然在一定程度上影响行政执法的效率和惯常的行政秩序。然而,知识产权行政保护的现实困境确实需要激励权利人参与其中,以更好地协

[①] 如因生产、销售假冒专利产品的当事人被行政处罚之后所产生的法律威慑力,对其他欲生产、销售假冒专利产品的人所产生的拘束力,使该当事人在作为消费者或竞争者时也受到了法律的保护。

助行政主体履行职能。

二、互动激励模式下的职能优化

法律对个体行为的激励,就是使个体受到鼓励继而做出法律所期望或要求的行为,最终目的是实现法律预先设定的社会关系的模式系统之要求,造成理想的法律秩序。①沿着这一制度设计的方向性指引,激励功能的发挥依赖法律制度对"优势需求"的灵活处理以及基于"经济人"假设的规则预设。在应然层面上,制度应该内嵌有一套具有激励功能的机制,包括正向的奖励型激励和反向的惩罚型激励,也包括经济学意义上的"激励"(incentive)。地方政府知识产权保护职能的履行也存在制度预设的激励功能。对知识产权权利人而言,激励机制的形态呈现为法律制度所规范的行政主体与行政对象之间的互动激励。

从激励的制度文本看,主要是法律法规和政策文件两类。

首先,在法律法规方面,我国的法律激励方式主要在法律、行政法规、地方性法规中设立专门章节,以及规定专门条款进行激励。其一,具备激励功能的专门章节是在法律文本中设置含有"保护"等名称字样进行激励。具体来讲,《专利法》第七章"专利权的保护"涉及专利行政处罚的激励性条款;《专利法实施细则》第七章"专利权的保护"也涉及一些激励性条款。其二,制定专门条款进行激励的情形比较普遍,法条的用词由"义务性"转化为"权利性"也是激励文本的惯常形式。一般来讲,授予权利是正向激励;相反,增加义务则是负向激励。在制定法律激励条款时,主要是以权利性规范为主,部分激励条款中出现了从义务性规范转变为权利性规范的现象。例如,很多法律文本都规定有举报的权利,《专利行政执法办法》第 26 条规定:"管理专利工作的部门发现或者接受举报发现涉嫌假冒专利行为的,应当及时立

---

① 付子堂:《法律功能论》,中国政法大学出版社 1999 年版,第 68 页。

案。"此外,以赋予权利为激励方式的专门条款还有很多,包括但不限于《专利法》第 72 条规定:"专利权人或者利害关系人有证据证明他人正在实施或者即将实施侵犯专利权、妨碍其实现权利的行为,如不及时制止将会使其合法权益受到难以弥补的损害的,可以在起诉前依法向人民法院申请采取财产保全、责令作出一定行为或者禁止作出一定行为的措施。"第 73 条规定:"为了制止专利侵权行为,在证据可能灭失或者以后难以取得的情况下,专利权人或者利害关系人可以在起诉前依法向人民法院申请保全证据。"

其次,国务院及其部委、地方政府出台的加强知识产权保护的政策文件中,大量存在对知识产权权利人的激励机制。比如,《知识产权强国建设纲要(2021—2035 年)》《加强知识产权保护的意见》,以及地方政府出台的规范性文件,都含激励权利人积极维护自身合法权益的具体内容。

从地方政府职能优化的角度,仍需进一步完善激励制度和健全激励机制。比如,在进一步修订《专利法》及涉及专利行政执法制度的相关法律法规时,为了激励专利权人参与行政执法程序的积极性并形成与行政执法主体的有效互动,制度完善可以遵循两种路径:一是当专利权人与行政主体的利益诉求为正向关系时,扩张行政权、加大行政执法力度即可充分激励专利权人参与行政保护程序。换句话说,如果专利行政执法制度可以有效遏制专利侵权、违法行为,权利人出于维护自身利益考虑就会积极向管理专利工作部门举报侵权行为、提供证据资料、协助执法人员查明案情等。二是当专利权人与行政主体的利益诉求为负向关系时,明确专利权人免于不利陈述的有限协助义务是保证其参与权的基本底线。在行政执法程序中,专利权人基于公共责任应当协助行政机关履行法定责任,但是,因协助行为可能招致不利后果时,协助义务的范围应当收缩,恪守"当事人应当免于不利陈述"[①]的底线。

---

① 章剑生:《论行政处罚中当事人之协助》,《华东政法大学学报》2006 年第 4 期。

为此,以下几条规则应当在知识产权行政执法程序中予以确立:知识产权权利人拒绝不利陈述不得成为招致不利后果的理由;相关人陈述时可以依自己意愿聘请律师并要求在场①;相关人放弃免于不利陈述时必须出于真实的意思表示;等等。通过充分调动知识产权权利人参与行政保护的积极性,进而形成权利人与行政主体有效互动与协作的机制,最终降低知识产权保护职能履行的成本,提升职能履行的效益水平。

第三节　知识产权行政执法相对人视角下的职能履行

在政府知识产权保护职能履行所形成的行政法律关系中,行政相对人是承担不利后果的当事人,具体表现为行政相对人的利益减损、行为受限、资格剥夺等行政责任。按照行政合法性和行政合理性的基本行政法准则,政府职能履行应当在法治化规程内,兼顾行政相对人对行政行为的可接受度,即符合比例原则。可见,从知识产权行政执法相对人的视角审视政府的职能履行,核心是行政程序规则构建及其裁量权的实施效果。鉴于此,本书以行政相对人的程序权为中心,重新审视知识产权行政保护程序存在的制度瓶颈,力求从学理上构建知识产权行政执法相对人的基本程序权体系,剖析相对人程序权面临的困境及其原因,从反向角度为知识产权行政执法权的优化提供参照,以更好地实现行政权助力知识产权保护的制度功能。

一、知识产权行政执法相对人程序权的界定

我国传统法治中"重实体、轻程序"的弊端体现在知识产权行政执法中

---

① 参见《律师法》第28条。

就是执法主体对行政相对人的程序性权利认知不足。在加强知识产权行政保护、严格执法手段的政策导向下,有关行政相对人程序权利的法律制度构建和理论思考滞后,地方知识产权行政执法权限界定不清,执法主体在执法过程中未能准确适用听证、行政公开等行政法治基本准则,这都严重制约了知识产权行政保护职能的充分发挥。本质上讲,以专利为代表的知识产权是私权,相关立法也属于调整私权关系的民事立法,纵然维护和保障权利人的合法权益是中心要义,但同为私权主体的行政执法相对人不能因其涉嫌侵权或违法而忽视合理的权利诉求。

(一)知识产权行政执法相对人程序权的内涵

行政执法相对人权利的上位法来自宪法对于公民基本权利的规定,在大多数情况下,两者具有一定的重合关系。宪法有关公民基本权利的规定当然是知识产权行政执法相对人权利的基础,只是由于特定的场域使得行政权运行的形态发生了变化。逻辑上,知识产权行政执法相对人权利必然包括实体权利与程序权利,但由于在我国行政法治中对于实体权利与程序权利的界分依旧处于朦胧状态,立法上的一体化设计也使得这种界分仅仅停留在理论探讨中。笔者认为,知识产权行政执法相对人程序权在学理上仍然属于程序权范畴,程序保障是维护行政相对人实体权利的重要依托,对知识产权行政执法相对人实体权利的维护贯穿对其程序权保障之始终。本书也是更多地从程序保障角度进行阐述,不再单独探讨知识产权行政执法相对人的实体权利。

从法律设计的权利体系看,按照主要权利和次要权利、核心权利和非核心权利、上位法确定的权利和下位法确定的权利等划分标准,知识产权行政执法相对人程序权也可以据此分类。比如,专利行政执法相对人在行政机关作出专利侵权行为判定或专利行政处罚的过程中,行政相对人所享有的陈述权、听证权等就是核心权利;而在专利行政查处过程中,行政相对人要求执法人员说明某些执法细节情况的权利就是非核心权利。再比如,依据国家知识产权局颁布的《专利行政执法办法》中对行政执法相对人的程序性规定是地方专利行政执法的上位法依据,地方专利行政规范性文件只能在上位法规定的范围内对程序权进行细化规定。

在行政法律关系中,行政相对人的程序权利与行政主体的程序义务是一个事物的两个方面。由于我国在行政法治方面长期强调行政优先权,这种权利义务关系基本没有给行政相对人介入行政行为提供好的机会。[①]这种理念误区需要得到改变,因为行政相对人介入行政行为的过程本身就是相对人程序权的体现。在知识产权行政执法所形成的法律关系中,行政相对人所享有的程序权利应当是行政主体负有的程序义务,这贯穿行政行为的启动、过程和论证等阶段。由此可见,行政相对人程序权的内涵非常丰富,具体的权利类型也较多,不仅具备行政相对人基本权利,也包含着知识产权保护制度赋予行政相对人的法定程序权利。

(二)知识产权行政执法相对人程序权保障的两个维度

《专利法》及其实施细则、《商标法》及其实施细则,以及《著作权法》及其实施细则等是调整知识产权行政执法最为重要的依据。由于省市级知识产权行政执法部门[②]依法享有执法权,所以省、市两级知识产权规范性文件亦是知识产权行政执法依据。上述规定形成了我国知识产权行政执法的职权体系,知识产权行政执法权亦隶属于此体系,执法权的设定、适用、程序等内容都由其决定。相应地,法律、法规课以行政执法相对人义务或责任的同时,也积极地赋予权利,对执法裁量权的程序性规定就体现着对相对人的权利保障。据此,对知识产权行政执法相对人程序权可以从行政执法主体和

---

① 关保英:《行政相对人介入行政行为的法治保障》,《法学》2018年第12期。
② 结合2018年地方知识产权局机构改革情况,地方专利行政执法部门包括两个主体:一是有专门的行政执法队伍承担行政处罚工作的市场监管部门;二是主要承担专利侵权调处工作的知识产权局。根据《专利法》(2020年修正),前者为"负责专利执法的部门",后者为"管理专利工作的部门"。为简洁表述,本书将两者统称为专利行政执法部门。参见陈扬跃、马正平:《专利法第四次修改的主要内容与价值取向》,《知识产权》2020年第12期。

相对人自身这两个维度进行界定。

一方面,行政裁量权是执法权的核心。从反向角度看,知识产权行政执法相对人的程序权保障可以通过对执法裁量权的控制得以实现。现有的执法规则决定了行政机关的主导地位,行政相对人往往是被动应付行政执法活动。实体权利与行政权配置的明显不对等造成相对人势必处于弱势地位。行政管理的客观实在需要行政实体法律规范创设如此这般的行政执法实体法律关系,让拥有行政执法权的行政主体始终占据主动的、优势的地位。①在知识产权行政执法法律关系中,即便赋权目的是维护实体权益,但形式上相对人权利都是程序性的。然而,知识产权行政执法权本质上是裁量性质的,法律法规对知识产权行政执法权的相关规定也是为行政裁量设置一系列管理规则。换句话说,知识产权行政执法权的设定及内容就表现为对行政裁量权施加有效、适度的控制,从而确保行政权合法、合理、及时地实施规制、给付等。可见,行政相对人的权利是依托于消极地裁量权控制的方式而得以保障,其与知识产权行政执法权的关系表征为行政执法裁量权。

另一方面,围绕知识产权行政执法相对人的程序权设置规范有着很大的制度空间。相对应的是,知识产权行政执法部门实施执法的法律依据主要表现为程序性规定,也就是说知识产权行政执法相对人的程序规范与行政机关的执法依据是紧密相连的。比如,在专利行政执法决定程序中,拥有行政执法权的专利行政执法部门会受到比较多的程序限制。虽然执法主体享有执法决定程序的启动权,但只要它让行政执法权进入法律程序,行政权势必会受到执法程序的制约和行政相对人的监督。若进行执法调查,行政执法人员需要向被调查人亮明身份;如果当事人主张听证程序,则在满足听证条件的情况下依法进行;若作出执法决定,执法主体必须说明理由;等等。②可见,通过程序权的合理配置,相对人在知识产权行政执法决定程序中

---

① 梁平、张明强:《我国行政执法设定权的反思》,《管理现代化》2010年第5期。
② 参见《专利行政执法办法》第4条、第30条、第33条规定。

是可以对行政权起到有效制衡的,即依法享有以对抗不法侵害的正当程序权利。当然,相对人有权要求行政执法人员在调查时表明身份,在作出执法决定前要求听证、详细说理等。由此推论,知识产权行政执法程序内容是行政主体的义务性规范和行政相对人程序权规范的统一。

综上,行政相对人程序权是指行政相对人所享有的与行政法治中的程序有关的权利,是行政相对人能够主宰行政执法过程的最为核心和系统的权利。知识产权行政执法是行政权在知识产权领域运行的具体实践,其受传统行政法立法理念和体例的深刻影响主要体现在两个方面:一是并没有区分知识产权行政执法相对人实体权利与程序权利;二是将行政执法程序与行政主体的权利义务勾连,很少考量行政执法程序与执法相对人的关系。这反映在执法实践中,行政程序与知识产权行政执法相对人发生联系的情况只能诉诸于行政救济制度或行政诉讼制度。一定意义上讲,这种制度设计忽视了行政程序也存在于知识产权行政执法相对人的权利义务之中这一客观事实。

二、知识产权行政执法相对人程序权缺失的表现及其原因

在知识产权"严保护、大保护、快保护、同保护"格局下,我国知识产权权利人对行政保护的需求越来越大,行政处理知识产权纠纷也相应地呈现快速增长趋势。[1]与此基本趋势不相适应的是,知识产权行政执法程序规则相对滞后,尤其是涉及行政相对人的保障程序更为缺乏,行政执法相对人的程序权缺少基本的制度支撑,也未有权利内容的细化规定,这反而无益于知识产权纠纷的化解。

(一)知识产权行政执法相对人程序权缺失的表现

我国行政相对人基本程序权利概念和权利体系尚未形成、基本程序权

---

[1] 傅启国:《专利法第四次修改背景下的专利行政保护现状与思考》,《中国发明与专利》2019年第6期。

利尚未有制度构建、基本程序权利缺少程序制度支撑。①知识产权行政执法相对人程序权缺失是行政法治领域行政相对人基本程序制度缺失的典型体现。对知识产权执法的强调不应该是单方面的,"执法"不仅仅意味着执行知识产权持有人的权利,也应当意味着执行平衡、例外与限制、合理使用、民事权利、私人权利和反垄断(或竞争政策)。②在司法实践中,苹果电脑贸易(上海)有限公司、北京中复电讯设备有限责任公司诉北京市知识产权局案③(简称"苹果公司案")暴露不少知识产权行政执法领域普遍存在的问题,结合该案的行政处理决定及其后续行政诉讼的两审判决书,笔者尝试梳理知识产权行政执法相对人程序权缺失的共性问题,主要表现在以下三方面。

1. 知识产权行政执法相对人程序权缺少程序制度支撑

行政执法过程是在执法主体与执法相对人的互动行为中进行的,执法程序规则只涉及行政执法活动的一个方面,有关行政执法相对人介入执法活动中的程序规则是另一个方面,而我国知识产权行政执法的制度构建中没有将两者衔接起来。由此导致的后果是,知识产权行政执法的裁量存在偏轻、偏重或畸轻、畸重的情况,这也容易引起行政相对人质疑行政合法性。在苹果公司案中,就北京市知识产权局是否有权在专利侵权调处中追加苹果上海公司作为共同被请求人成为双方当事人争议的焦点问题,其实质就是行政裁量权的度该如何把握。一审法院认为,北京市知识产权局依职权

---

① 关保英:《行政相对人基本程序权研究》,《现代法学》2018 年第 1 期。
② Susan Sell, "The Global IP Upward Ratchet, Anti-Counterfeiting and Piracy Enforcement Efforts: The State of Play", *PIJIP Research Paper Series*, Vol.2, oct.2010.
③ 2016 年 5 月 25 日,苹果电脑贸易(上海)有限公司、北京中复电讯设备有限责任公司不服被告北京市知识产权局于 2016 年 5 月 10 日作出的京知执字(2016)854-16 号《专利侵权纠纷处理决定书》向北京知识产权法院提起行政诉讼。北京知识产权法院于 2017 年 3 月 24 日作出一审判决((2016)京 73 行初 2648 号),撤销北京市知识产权局作出的京知执字(2016)854-16 号专利侵权纠纷处理决定。深圳市佰利营销服务有限公司(原审第三人)不服一审判决上诉至北京市高院,二审判决((2017)京行终 2606 号)基本维持原判,并要求北京市知识产权局就涉案侵权纠纷重新作出处理决定。在一审、二审判决主文中均认定,北京市知识产权局在对涉案专利侵权纠纷作出行政裁决过程中违反听证原则和行政公开原则。

追加被请求人的行为没有法律依据,是超越职权行为。①二审法院认为,北京市知识产权局在依法行政的前提下享有一定的行政裁量权,未违反法定程序。②但是,二审法院认为《专利法》及其实施细则等相关法律并未明确行政机关在审理专利调处案件的具体程序,也就是说缺少程序制度支撑的行政裁量权始终处于悬空状态,这就隐含着较大的执法风险问题。大量的、常态化的行政执法活动不能希冀于成本高昂的司法程序化解纠纷。③笔者认为,专利行政执法行为是裁量性行政行为,即法律仅对专利行政执法的内容、方式和程序规定了一定范围和幅度,允许专利行政执法部门在处理具体执法时可以凭借自身的判断依法予以裁量。行政裁量的畸轻、畸重虽不至于构成违法,但可被定性为执法不当或显失公正。④现行《专利法》(2020年修正)新增第70条规定:"国务院专利行政部门可以应专利权人或者利害关系人的请求处理在全国有重大影响的专利侵权纠纷。"何谓"重大影响",以及其情形适用、启动程序、办案流程、职权行使、纠错机制、保障措施等内容增加了行政裁量的难度,这些问题在2021年5月26日国家知识产权局公告的《重大专利侵权纠纷行政裁决办法》中得以规范。但重大专利侵权案件的裁量效果还有待实践检验,还包括国务院专利行政部门就"申请注册的药品相关的专利权纠纷"予以行政裁决⑤,以及地方负责专利执法的部门对假冒专

---

① 理由是:"涉及侵权纠纷的行政裁决属于依申请行政行为,并非依职权行政行为,依申请行政行为系被动行政行为,行政机关只有在相对人申请的条件下方能作出,没有相对人申请,行政主体便不能主动作出行政行为。"参见(2016)京73行初2648号判决书。
② 理由是:"北知局将苹果上海公司追加为第三人或共同被请求人,是北知局行使行政裁量权的体现,未违反法定程序。此外,北知局追加苹果上海公司作为共同被请求人,也未损害其他当事人的实体权利或程序权利。"参见(2017)京行终2606号判决书。
③ 董涛、王天星:《正确认识专利权效力认定中的"行政/司法"职权二分法》,《知识产权》2019年第3期。
④ 姜明安:《行政裁量的自我规制》,《行政法学研究》2012年第1期。
⑤ 参见《专利法》(2020年修正)新增第76条第2款:"药品上市许可申请人与有关专利权人或者利害关系人也可以就申请注册的药品相关的专利权纠纷,向国务院专利行政部门请求行政裁决。国务院药品监督管理部门会同国务院专利行政部门制定药品上市许可审批与药品上市许可申请阶段专利权纠纷解决的具体衔接办法,报国务院同意后实施。"该条规定是为药品上市及其申请注册提供的特殊保护措施,国务院专利行政部门实施行政裁量的难度远高于其他专利纠纷案件,而且涉及药品监管部门的衔接协调。

利行为的处罚,都涉及行政裁量的问题。此外,我国目前并未出台统一的知识产权行政执法裁量基准类的法律法规文件,这都是诱发行政裁量不当或裁量不公的因素,从而更多地引发行政执法相对人与执法主体之间的纷争。

2. 知识产权行政执法相对人的正当程序权存在缺陷

程序正当原则要求行政执法主体应当遵循正当的法律程序,包括但不限于告知行政相对人作出行政决定的理由、保障行政相对人的听证权利、向行政相对人公开相关案件信息等,即符合行政公开原则。行政公开原则在国家知识产权局发布的《专利行政执法操作指南(试行)》中有明确规定。①所以,知识产权行政执法主体应当在行政处理过程中对相对人提交的证据资料予以全面审查,并在据以作出的行政处理决定中列明,同时说明对证据是否采信及其依据。苹果公司案中,北京市知识产权局并未对苹果公司提交的市场调查报告、鉴定意见及其他相关重要证据予以回应,且在行政处理决定书中未说明理由,一审法院据此认定北京市知识产权局违反了行政公开原则。从上位法看,《专利法》及其实施细则和《专利行政执法办法》对行政执法的适用、决定、执行等规定是比较零散的,既没有行政执法决定如何做出,也无实体上的依据标准,更没有规定程序上该遵循的规范。《专利行政执法办法》虽然规定了回避制度、管辖制度以及处理专利侵权纠纷中的证据规则,但由于缺乏细化规定,会为执法不当埋下隐患,且引发行政执法相对人的合理怀疑。更为严峻的是,专利行政执法信息公开凸显了这一矛盾,地方性的专利行政立法参差不齐又间接促成了各地专利行政执法标准的不统一,这在很大程度上加重了执法人员因执法案件信息公开所承受的压力。②行政公开原则要求行政执法主体将执法权运行的依据、过程和结果要

---

① 参见《专利行政执法操作指南(试行)》第 2.5.4.1.1 款规定,《专利侵权纠纷案件处理决定书》应当写明当事人证据材料,合议组的采信情况,以及侵权是否成立以及认定的理由和依据。
② 朱雪忠、万里鹏:《信息公开视角下的专利行政处罚权研究》,《江西社会科学》2014 年第 9 期。

向行政相对人公开,也是对行政执法透明度的硬性要求。

3. 知识产权行政执法相对人的程序权尚未有规则构建

《行政处罚法》和《行政强制法》针对行政主体实施具体行政行为,规定了行政相对人的陈述权、申辩权等,但也只是简单枚举,具体到知识产权行政执法领域并没有对相对人程序进行详细规定。苹果公司案中,北京市知识产权局在作出对行政相对人不利的具体行政行为之前,没有向苹果公司及其他行政相对人告知决定理由和听证权利,更没有给行政相对人陈述、申辩和质证的机会,没有保障行政相对人陈述意见和充分举证的正当权利。其间,北京市知识产权局虽然声称"曾经组织了非正式谈话",但却没有形成有当事人签字确认的谈话笔录,这种非正式谈话本身是不具备法律效力的。一审法院最后也认定,"被告北京市知识产权局在作出行政处理决定前,没有听取各方当事人就第27878号行政处理决定的相关答辩意见,从而剥夺了原告发表质证的机会,即违反了听证原则"。类似的案例反映出同样问题。2012年最高人民法院发布了一起典型案件,涉案某省知识产权局执法人员在作出专利侵权纠纷处理决定中没有充分考虑原告提出的抗辩,也没有对原告是否构成侵权进行综合判断,最高人民法院遂维持二审判决以认定事实不清、主要证据不足及违反法定程序为由撤销该处理决定。[①] 便捷的专利行政执法途径是把"双刃剑",一方面实现快速处理纠纷,另一方面则可能忽视规范化的执法程序,这是专利行政执法制度很难克服的天然缺陷。归结起来,还是知识产权行政执法相对人的程序权缺乏规则意识,这也在很大程度上影响了知识产权行政执法办案的质量。

可见,目前知识产权行政执法领域普遍存在的问题是:地方知识产权行政执法权限仍需合理界定;行政主体在执法过程中对于听证原则、行政公开原则等行政法治基本准则的认识尚需提高;行政相对人的程序权利仍缺乏

---

① 参见最高人民法院行政裁定书(2011)知行字第99号。

制度保障。

(二)知识产权行政执法相对人程序权缺失的原因

知识产权行政执法相对人的权利保障存在以上问题,根本原因是行政权与私权之间的矛盾,以及由此而产生的执法主体与行政相对人的紧张关系。审视我国专利行政执法制度,便可得到更为具体的解释。

1. 缺乏执法程序规范

鉴于我国尚无统一的行政程序法,对专利行政执法权的"约束"只能由相关法律法规规制。比如,《行政处罚法》对行政处罚程序作了规定,形成了总体统一的执法程序,但在专利行政查处过程中执法主体并不会直接援引该法确立的原则和制度,《专利行政执法办法》以及地方性专利法规等才是执法人员的依据。然而,《专利行政执法办法》中涉及专利行政执法的具体程序性条款不多且比较笼统,难以适应日益复杂的专利行政执法活动。国外亦有学者指出,中国的专利行政执法制度适用于简单的产品专利(实用新型和外观设计专利)案件最有效。一方面,该制度可以作为一种执法系统而存在;另一方面,可以为主张侵权和损害赔偿的民事诉讼程序收集证据。[①]专利行政执法程序难以应付发明这一技术含量高、权利要求复杂的专利类型。可见,现有的专利行政执法依据亟待执法程序的完备,以规范执法人员作出合法、合理的执法行为。

2. 执法主体对行政相对人的程序权认知不足

近年来,随着全面依法治国战略的实施和法治政府建设的稳步推进,行政执法系统的执法规范化程度越来越高,"程序正当"理念在执法人员中间得到了广泛的普及。但是,由于行政思维惯性使得行政主体对于相对人程序权利的认知仍然不够充分,没有真正把行政相对人的基本程序权与行政执法权统一起来。知识产权行政执法领域经常开展"专项治理"活动,这种

---

① Dominic Edmondson, Nick Redfearn, Landy Jiang, "Administrative Patent Enforcement in China", *Intellectual Property Rouse*. Vol.2, Apr 2013.

方式反映出当前的无奈现实,其弊端及消极影响是比较明显的。①我国地方专利行政执法部门的行政级别不同和部门性质不同,这削弱了专利行政执法的权威性和执法公信力,从自身的能力素质来讲,也严重制约了专利行政执法部门形成对相对人程序权的充分认知。况且,国家知识产权局仅在"名义上"指导地方专利行政部门的执法行为,这种职级配置上的缺陷使得地方专利行政执法规范化水平不高。

3. 行政相对人对其自身享有的程序权未有认知

专利行政执法相对人对程序权未有认知在很大程度上与专利行政执法效力缺乏强制性有关。换句话说,专利行政执法决定缺乏强制执行力间接使得行政相对人的程序权处于"沉睡"状态。根据《专利法》及其实施细则,如果行政相对人不自动履行专利行政执法部门作出的责令停止侵权的处理决定,专利行政执法部门并没有强制性手段来执行,只能申请人民法院强制执行,但法院也难以仅对责令停止侵权的处理决定实施强制执行,这使得管理专利工作的部门作出的责令停止侵权决定缺乏强制力和执行力。尽管行政执法能够提供一种快捷、高效且低成本的救济途径,一旦侵权者诉至法院以挑战已作出的行政处理决定,权利人最好是放弃行政保护途径,转而寻求司法救济。②在法律未授予专利行政执法部门实施行政强制措施的前提下,没收、罚款等执法内容的设定难以在实践中得到执行。如果行政机关作出的行政执法决定内容得不到实现,该行政执法决定只能停留在行政机关意志的表达阶段,不能实际损及当事人的权益,也无法实现对违法当事人进行制裁的目标。然而,在行政法理论和实践中,我国却存在重视行政执法决定

---

① Dimitrov Martin, *Piracy and the State: The Politics of Intellectual Property Rights in China*, Cambridge: Cambridge University Press, 2009, p.109.
② Jeffery M. Duncan, Michelle A. Sherwood, & Yuanlin Shen, "A Comparison Between the Judicial and Administrative Routes to Enforce Intellectual Property Right in China, 7 J. Marshall Rev. Intell. Prop. L. 529(2008)", *The John Marshall Review of Intellectual Property Law*, Vol.7, 2008.

的作出,而轻视行政执法决定内容实现的做法。①这导致已经作出的专利行政执法决定因其确定的义务得不到履行而实际上被悬置。结果就是,直到复议和诉讼阶段,专利行政执法相对人才开始真正认知到自身享有的程序权利,但这已经错失了程序权本该发挥作用的场域和时机。

三、知识产权行政执法相对人程序权的规则构建

在全面依法治国战略背景下,我国的法治政府建设越来越强调顶层设计的重要性。行政相对人权利拓展要求政府作为服务型政府不再是简单地维持社会秩序、简单地分配社会角色、简单地处置社会关系等,而是要积极主动地为行政相对人提供公共服务。②行政执法程序规则是法治政府建设中的核心问题,无论是在一般程序法典中还是在具体行政类规范性文件中,行政执法程序普遍具有制度构建的必要性和空间。针对知识产权行政执法相对人程序权保障存在的问题及原因分析,笔者从以下三方面进行规则构建。

(一) 全面梳理行政相对人的程序权利

我国的知识产权行政执法相关法律法规中已经规定了不少程序性权利,但涉及行政相对人程序权的规定比较零散,更没有对其进行类型化的或结构化的处理。如前所述,无论是立法方面、行政主体方面,还是行政相对人自己对此类权利均没有充分认识。那么,在对知识产权行政执法相对人程序权进行构建的前提就是对已经存在的程序权加以梳理。为了便于分析,本书主要从以下三个角度进行梳理。

1. 依据普遍遵守的行政法理和程序理念进行分析

我国没有一般意义上的程序法典对行政程序作统一规范,但并不影响法律共同体形成对行政程序法理和正当程序理念的基本认知。在苹果公司案中,一审法官在说理部分的逻辑起点便是正当程序原则,一切有违此原则

---

① 张淑芳:《行政执法实施中违法行为的纠正途径》,《法学》2013 年第 6 期。
② 张淑芳:《行政相对人权利拓展的法治理念》,《社会科学辑刊》2019 年第 2 期。

的行政行为无效，还包括对听证原则、行政公开原则的援引与阐述，从而实现对行政相对人基本程序权利的保护。面对内容庞杂的行政法律规范体系，即便是具体领域的行政执法，行政相对人也难以熟悉执法规范体系。从基本行政法理作为起点分析具体行政行为的合法性与合理性，从而达到维护自身合法程序权利的目的往往是纷争产生后的第一选择。所以，对于知识产权行政执法相对人程序权的分析，完全适用于正当程序原则和基本行政法理，这也可作为评价知识产权行政执法行为的重要依据，是行政相对人程序权被"唤醒"的逻辑起点。

2. 根据知识产权行政执法相关规范性文件进行分析

一方面是国家知识产权局统一颁布的旨在规范全国知识产权局系统开展专利执法活动的规范性文件，包括但不限于《专利行政执法办法》《专利行政执法操作指南（试行）》《专利行政执法文书表格》《专利侵权判定和假冒专利行为认定指南》《关于公开有关专利行政执法案件信息具体事项的通知》等。另一方面是各省级地方政府颁布的知识产权行政执法类规范性文件。此类规范性文件数量较大，涉及的专利执法规定内容也比较庞杂，鉴于经济社会发展的不平衡和不充分，这类规范内容有一定的差异性和地域性。限于篇幅，本书不再对上述规范性文件中涉及的行政执法相对人程序权利进行详细列举，但这构成了行政相对人程序权的法定内容，是行政相对人主张程序权的直接依据。

3. 从对应于行政主体的程序义务进行分析

行政相对人享有的程序权利必然与行政主体所应恪守的程序义务是一种对应关系。行政相对人程序权的实现只能是在具体的行政法律关系中，通过与行政权的博弈与互动而彰显程序权的价值。在这一法律关系中，行政相对人的程序权利是行政权运行的界限，也即行政主体程序义务的履行过程就是行政相对人程序权利的实现过程。所以，在现有的行政主体主导行政法律关系的基本框架下，我们可以通过分析行政主体的程序义务来归纳行政相对人的程序权利,这种方式更为有效和具有针对性。比如,专利行政部门实施行政查处时需要遵守的基本程序规范,也是行政相对人据以应对的程序主张,如果行政主体违反相关程序,行政相对人可以据此主张行政违法并作为后续行政复议、诉讼的重要依据。这种梳理方式兼具一般法理的宏观视野与行政立法的制度优化,是建构行政相对人程序权比较可行的分析思路。下文对于专利行政执法裁量基准制度和行政执法程序的阐述就是沿着这一分析思路展开的。

(二)优化知识产权行政执法裁量基准制度

知识产权行政执法裁量基准是在依法享有的知识产权行政执法权限范围内,对违法行为是否给予行政执法、行政执法的种类以及行政执法的幅度进行裁量的权限,是对涉及知识产权行政执法裁量的条款进行细化,而并非设置新的规范性文件。据此,在完善知识产权行政执法裁量基准制度时应把握以下三点。

1. 裁量基准的定位

知识产权行政执法裁量基准的核心问题是"细化"情节事实和"格化"执法效果。"细化"情节事实,是指将违法行为所影响的主客观事实,即违法行为的性质、事实、情节、主观过错程度以及对社会造成危害程度等一系列要素进行列举、区分和精确定位,从而尽可能地量化违法行为的恶劣程度。执法效果的"格化",是指在现有执法限度内,将执法种类和幅度区分为不同的裁量阶次,这种阶次内的裁量幅度较小且可控,使得每一个违法事实均能对应明确的执法阶次,以形成较为严谨的行政执法裁量机制。需要明确的是,在裁量基准制定时要区分内外效力。对外方面,相对于立法和司法,知识产权行政执法裁量基准的制定和实施要更多地依据"自律",即行政裁量基准是知识产权行政执法部门的自行约束;对内方面,统一基准的制定者(国家知识产权局)是对基准执行者(地方知识产权行政执法部门及其执法人员)的"他律"控制。从而,知识产权行政执法裁量基准的生成机制应融合于

"自律"与"他律"之间。

2. 裁量基准的实现机制

行政裁量是把抽象的法律条文与个案联系的中心环节。在裁量基准制度之下,执法人员对具体情事的裁量应该由"基准"代替。换言之,"基准"是知识产权行政执法的相关规定作用于行政执法相对人的媒介,借此实现行政裁量行为的规范化运行。同时,对于裁量基准的适用也要避免机械僵化的弊端,基准本质上仍然是为行政裁量提供基本的方向和原则,执法人员需要在基准与案件事实、技术内容之间进行反复的对比研究。在构建知识产权行政执法裁量基准制度时还需注意两个问题:一是裁量的事实、理由和依据要明示执法相对人并向社会公开;二是整合现有分散的地方性裁量基准文件,以制定统一的知识产权行政执法裁量基准。

3. 裁量基准的强制效力

作为一种行政部门内部的裁量性自制规则,裁量基准并不具备对外效力,但对知识产权行政执法人员的内部约束效用是不可缺少的。这种较为严格的强制力要求执法主体必须依照裁量基准进行情事认定和执法判定,否则在行政系统内部将被追究过错责任。当然,裁量基准的执行也需设计"例外条款"以应对特殊情事的需要,从而在裁量与羁束之间寻求平衡。知识产权行政执法裁量基准是控制知识产权行政执法权的实体规范,即便如此,它们仍然离不开行政程序所提供的一系列法律程序规范的辅助。

(三)完善知识产权行政执法的程序制度

法律程序应该体现必要的法律价值,从而便于法律程序的有效运作。①行政执法决定程序是规范行政执法权合法运作的法律程序,行政执法权的法律价值表现为它对受损害的行政法律关系的及时矫正和修补。行政机关基于维护社会稳定的需要,运用行政执法决定程序对有违反行政法律

---

① 刘云华:《行政程序法的价值与功能》,《求实》2011年第12期。

规范行为的公民、法人及其他组织进行行政执法,其目的在于维护正常社会关系所构成的秩序。从行政执法权的本质需要看,它还要求执法决定程序应当彰显公平、效率等法律价值。但无论效率还是公平,在与秩序相冲突时,在行政执法决定程序中都应该让位于秩序。秩序是行政执法决定程序首选的法律价值,这种权衡与选择已为越来越多的学者所认识。所以,在构建知识产权行政执法决定程序的过程中,秩序价值优先于其他法律价值的选择。据此,笔者认为知识产权行政执法决定程序的制度完善可以从以下四个方面展开:简易程序、管辖制度、证据种类、证据规则以及听证制度。

1. 知识产权行政处罚决定程序有必要引入简易程序

知识产权行政执法的优势在于其简便、高效的快速维权机制,以降低权利人维权的时间和经济成本,更好地维护市场竞争秩序及社会公共利益。效率是知识产权行政执法制度最为鲜明的特色,而简易程序的设立符合效率原则的具体要求,这与行政执法的制度机理相契合。从简易程序的适用范围看,知识产权行政执法程序仍然对其有一定的制度需求。我国行政处罚简易程序仅针对违法事实确凿并有法定依据的案件适用两类行政执法:一是对公民处 50 元以下罚款以及对法人组织处 1 000 元以下罚款的案件适用简易程序;二是警告,针对案情简单、社会危害性较小、易于处理的知识产权侵权或违法案件比较适合。以国家版权局于 2009 年颁布的《著作权行政执法实施办法》为参照,可以将简易程序作为一般程序的补充情况适用于专利行政处罚程序,从而确保专利行政执法的高效率性。①需要强调的是,依据简易程序当场作出执法决定,执法人员必须当场将行政执法决定书交付相对人,否则,只能按照一般程序作出专利行政处罚决定。

2. 知识产权行政执法程序的管辖制度需要完善

行政执法管辖规定的恰当与否,不仅关系到行政执法主体能否尽职尽

---

① 《著作权行政执法实施办法》第 10 条规定,著作权行政执法在无特殊规定情况下适用行政执法的一般程序。

责地行使权力、维护公共利益和社会秩序,还关系到行政执法相对人的合法权益能否得到切实保障。在确定行政执法管辖时应当遵循灵活运转,既要明确规定地域管辖、职能管辖、级别管辖,又要给予执法机关或组织在管辖上的机动权,做到原则性与灵活性相结合。《专利行政执法办法》中对专利行政执法的地域管辖适用违法行为发生地规则,但涉及级别管辖和指定管辖的管辖规则存在缺陷。值得肯定的是,《专利法》(2020年修正)新增第70条规定,国家知识产权局可以应当事人请求处理在全国有重大影响的专利侵权纠纷。但国家知识产权局的执法权如何落实仍缺少制度支撑,相关的配套机制、执法人员配备、执法程序等问题仍需在知识产权综合执法改革的顶层设计中逐步细化完善。在此基础上,可以在《专利法实施细则》修订中对指定管辖作进一步细化:当两个以上管理专利工作的部门因管辖权发生争议或管辖不明时,由先立案的部门负责查处违法行为或者由争议双方协商解决;如果协商不成,再报请共同的上级专利行政执法部门或由国家知识产权局指定管辖;上级专利行政执法部门认为有必要时,可以主动处理下级管辖的有重大影响的案件,也可将自己管辖的案件交由下级部门处理;相应地,下级部门认为其管辖的案件案情复杂、重大,亦可以报请上级部门处理。

3. 知识产权行政执法程序的证据种类和证据规则有必要细化和补充

一般而言,行政执法人员办案时收集的证据包括书证,物证,证人证言,视听资料,当事人陈述,检查、勘验笔录,鉴定结论等。面对专利侵权判定的复杂性和专业性,法定鉴定部门或技术专家关于涉案专利的鉴定意见对专利行政执法人员有着较高的参考价值,应该补充并强调这一证据种类的适用。在证据规则方面,还需要完善向有关部门移送证据的相关规定,比如将涉嫌犯罪的案件连同证据移送至公安机关,从而促进管理专利工作部门与司法机关以及其他行政执法部门的执法衔接。在证据质证环节,要完善听取陈述和申辩程序,以实现"有原则的灵活性",其程序要素包括行政主体的事先告知、当事人的陈述和申辩以及行政主体对陈述申辩意见的审查和决定等。①

4. 听证程序的完善

《专利行政执法办法》第 37 条第 2 款赋予当事人对于管理专利工作部门在作出较大数额罚款决定前举行听证的权利,但"较大数额罚款"如何确定以及当事人对于它这种行政执法有无要求听证的权利仍有待明确。执法实践中,较大数额的罚款一般是以超过法定最高罚款额的 50% 为确定标准。②据此,负责专利执法的部门对专利违法行为的法定最高罚款额是 25 万元,那么处以最高值一半以上的罚款就属于较大数额的罚款。除了较大数额的罚款,负责专利执法的部门作出"责令停止侵权""没收违法所得"等行政执法决定之前,当事人也有要求听证的权利。《行政处罚法》规定的"责令停产停业"是一种行政机关通过强制手段暂时剥夺行政相对人生产、经营权利的行政执法,管理专利工作部门对企业类主体作出的"责令停止侵权"执法决定的效果不低于"责令停产停业"的执法效果,所以当事人有权对此提出听证。此外,最高人民法院对《行政处罚法》第 42 条"等"字的理解已将"没收违法所得"纳入可听证范围,当事人亦有权对管理专利工作部门在对其作出没收违法所得执法决定前要求听证。

以上有关知识产权行政执法的简易程序制度、管辖制度、证据种类和证据规则以及听证制度的研究成果可以在《专利法实施细则》《专利行政执法办法》以及相关法律法规修订时予以完善,或者在制定统一的知识产权行政执法规范类文件时作以参照。

行政执法程序是法治政府建设中的核心议题,直接关系到依法行政的效益和权威。传统意义上的知识产权行政执法程序主要围绕行政权运行而展开,这会遮蔽行政相对人的基本程序权利。在加强知识产权行政保护的

---

① 宋华琳、郑琛:《行政法上听取陈述和申辩程序的制度建构》,《地方立法研究》2021 年第 3 期。
② 程雨燕:《环境罚款数额设定的立法研究》,《法商研究》2008 年第 1 期。

发展趋势下,执法主体的行政裁量空间日渐拓展,知识产权行政执法相对人的合理权利诉求应得到进一步重视,且行政相对人的程序权利保障制度应进一步加强,以充分提高知识产权行政执法效益。为了促进知识产权行政执法权在程序规程下运行,有必要以行政相对人为中心完善执法程序。知识产权行政执法程序内容是行政主体的义务性规范与行政相对人程序性规范的统一,规则构建有赖于逐步优化知识产权行政执法裁量基准的制度定位、实现机制和强制效力,以及完善知识产权行政执法简易程序、管辖制度、证据规则、听证程序等。

从我国实施创新驱动发展战略、营造一流营商环境和严格产权保护的决策部署来看,未来仍将不断强化更为严格的知识产权保护政策。相比于司法保护,具有中国特色的知识产权行政保护因其高效便捷的执法体系而更具有可及性和成本优势。然而,在行政权不断扩张的趋势下,知识产权行政执法相对人的程序权利往往易于被忽视,相对人的基本程序权本身也欠缺规则构建。究其原因,主要是执法程序规范的缺乏以及执法主体和相对人对该程序权未有充分认知。从实际执法和司法审判中反映出的共同问题迫使我们反思,需要审慎对待知识产权行政执法相对人的程序权利,否则最终会减损行政执法的权威性和执法效益。在全面梳理行政相对人的程序权利基础之上,通过优化知识产权行政执法裁量基准制度和知识产权行政执法程序制度,以切实保障行政相对人的合法权益,更好地实现知识产权行政执法权在程序规程下运行。

第四章
功能维度：地方政府知识产权行政保护与司法保护的衔接协同

　　地方政府的知识产权保护职能是一个职能体系。在地方党委和政府的统筹领导下，以知识产权管理部门为枢纽，与市场监管部门、海关、法院、检察院等部门形成工作联动机制。目前，部分省级政府已经成立了常态化的议事协调机构。比如，上海市设立了市知识产权联席会议机制，由分管知识产权工作的副市长担任联席会议第一召集人，联席会议办公室设在市知识产权局，联席会议成员单位包括市公安局、市高级法院、市检察院、上海海关、市科委、市教委等委办局。在职能体系内部，知识产权管理部门的协调任务最重，其与司法部门衔接所形成的"双规制"保护模式始终是知识产权保护理论和实务的热点难点话题。基于此，本书重点探讨行政执法与司法保护"双轨制"这一跨部门保护机制。

　　2018年4月10日，习近平总书记在博鳌亚洲论坛上指出："加强知识产权保护是完善产权保护制度最重要的内容，也是提高中国经济竞争力最大的激励。"从世界范围看，大多数国家以司法保护为主，而我国形成了司法和行政两条途径相互衔接的具有中国特色的保护体系。其中，行政执法体系的可及性、执法周期短、维权成本低的优势得以充分发挥。但学界对于"双轨制"保护模式的弊端存有质疑。有国外学者对比得出，尽管行政执法能够提供一种快捷、高效且低成本的救济途径，一旦侵权者诉至法院以挑战已作出的行政处理决定,权利人最好是放弃行政保护途径,转而寻求司法救济[①];国内学者的基本观点是,知识产权系属私权,从法理上而论,行政权对知识产权侵权行为亦无由过问,各国的知识产权法律实践中也普遍实行司法保护。[②]

知识产权行政执法与司法保护之间存在互动博弈的关系。司法权为知识产权行政执法权的设定及其变更划定界限,知识产权行政执法的行政效力亦对知识产权司法审判产生影响。在"双轨制"保护模式下,知识产权行政执法与司法保护的有效衔接需要明确以下基本问题:知识产权效力判定的去行政化和知识产权侵权纠纷处理的弱行政化是司法权对知识产权行政执法权的限制规则;知识产权行政执法权对司法审判的影响作用表现为知识产权行政执法证据的效用以及知识产权行政执法决定的效力;知识产权行政执法与刑事司法制度之间的衔接机制包括实体性衔接和程序性衔接。[③]可见,知识产权行政执法与司法保护的衔接在理论和实践层面仍有一些基本问题需要深入研究。基于此,有必要厘清知识产权行政执法与司法保护之间的权力边界,消解权力之间的冲突和不协调,进而构建两者有效互动的衔接机制,以提升知识产权保护职能履行的效益水平。

第一节 知识产权行政执法与司法保护的边界关系

法学界对司法权的理解主要有广义说、狭义说和最狭义说三种[④]。广义

---

① Jeffery M. Duncan, Michelle A. Sherwood, & Yuanlin Shen, "A Comparison Between the Judicial and Administrative Routes to Enforce Intellectual Property Right in China", *The John Marshall Review of Intellectual Property Law*, 2008.
② 曹博:《知识产权行政保护的制度逻辑与改革路径》,《知识产权》2016年第5期;詹映:《中国〈专利法〉第四次修改的焦点及其争议》,《中国科技论坛》2015年第11期;李明德:《关于〈专利法修订草案〉(送审稿)修改的几点思考》,《知识产权》2013年第9期。
③ 万里鹏:《专利行政执法与司法保护衔接的三个面向》,《河北法学》2019年第9期。
④ 谭世贵:《中国司法权的界定、调整与优化》,《学习与探索》2012年第4期。

说认为,司法权是指由公安、检察和审判机关等司法组织在办理诉讼案件和非诉讼案件过程中所享有的权力;狭义说把法院的审判权和检察院的检察权合称为司法权;最狭义说认为司法权仅指审判权或裁判权。本书采用最狭义说,即从法院的审判权层面阐述与知识产权行政执法权的边界关系。行政权与司法权的关系历经博弈与互动,逐渐形成了目前"司法权监督行政权""司法与行政良性互动"的局面[①]。延伸到知识产权行政执法领域,行政权与司法权亦存在特色的博弈关系。

一、行政权与司法权的边界

现代行政改革的目标是限制行政权的范围,规范行政权力的运行。总体上讲,行政权与司法权的关系表现为两方面:一是司法权监督行政权,即法院对行政行为的司法审查;二是随着行政权的不断扩张,其对司法领域及法院审判会产生影响。与此同时,行政权与司法权的界分也非常明显。

第一,行政权的运行主动性强,而司法权则比较被动。行政权总是积极主动地干预人们的社会活动和个人生活,行政主体可以依法或根据公共利益的需要积极行为,在面临各种社会矛盾时也往往具有鲜明的倾向性;司法权则是中立的、被动的,以"不告不理"为原则,在诉讼进程中也是居于中立而不受任何非法律因素的干预。

第二,相对于司法权,行政权有着较大的灵活性。基于社会事务的复杂性和紧急情况的常发,行政权必须具有必要的应变能力,也因而行政主体更关心自己的行政目标和效率;而司法权的本质决定了它必须保持相对稳定的司法政策、司法态度、司法标准、司法体制等,遵循先定的法律原则和规则使其不受社会具体生活的影响。

第三,行政权效力具有公定力,司法权效力具有终局性。行政行为虽然

---

① 顾越利:《建立司法与行政良性互动机制》,《东南学术》2010年第6期。

具有效力上的先定性,但它是否合法、合理,不能由行政主体自己进行判断,需要由行使裁判权的司法机关进行审查,即一般意义上的"司法最终解决原则"。除此以外,司法权的运行强调程序正义,行政权为了追求效率而更关注实质结果;行政权追求效率优先,而司法权更侧重于公平价值等。可见,行政权与司法权相互制约、相互联系,各自发挥其调解社会矛盾的公共职能。行政权向司法权过度扩张或者司法过度干预行政都是不可取的,应当兼顾司法审查权的可行性和行政权行使的有效性。①

如果说行政权的司法制约是传统权力分立制衡的准则,那么以协调为特征的行政与司法的衔接机制则是这一模式的有益补充。谓之衔接,意在使法院与行政部门建立沟通协调机制,以提高行政主体作出具体行政行为的合法性和合理性,使司法审判更好地达到实现个人利益保护与维持社会公共秩序的良好效果。②行政权与司法权虽然分工不同,但权力运行的最终目的与价值追求的一致性为两者的衔接奠定了合理性基础,即都是在保证个体权益的基础上推动社会的整体发展,进而实现民主、公平、效率、秩序等价值诉求。以此为基础拓展权力关系,也使得对于司法权与行政权之间的关系认识更为合理。

从我国现有的权力架构中,也不难找到司法权与行政权协作、衔接的法律基础和政治要求,这在我国的《宪法》《国务院组织法》《法院组织法》《行政诉讼法》等中均有所体现。以《行政诉讼法》为例,其第1条开宗明义道:"既要保证法院正确、及时审理案件,又要保护公民、法人、其他组织的合法权益,同时要求监督行政机关依法行使职权。"这反映了平衡论思想下"要保权也要控权"的行政法基本理念。在我国法学界和司法界,对于行政与司法衔接制度的研究勃兴于2007年3月召开的第五次全国行政审判工作会议,建

---

① 王贵松:《论行政裁量的司法审查强度》,《法商研究》2012年第4期。
② 喻中:《从"行政兼理司法"到"司法兼理行政"——我国"司法—行政"关系模式的变迁》,《清华法学》2012年第5期。

立行政与司法的良性互动便是其中的一项重要内容。此后,围绕这一司法政策,学者们从不同视角论证行政与司法衔接的必要性和可行性。有从反垄断领域探讨民事诉讼与行政执法之衔接与协调的①;有对"大调解"衔接机制进行理论建构与实证探究的②;有研究行政处罚与刑事制裁衔接机制的③;也有专门探讨知识产权行政保护与司法保护之冲突与协调的④。回到本书研究主题,在我国实行知识产权司法保护与行政保护"双轨制"模式的制度背景下,探讨行政与司法的衔接制度显得尤为必要。

二、我国知识产权行政执法与司法保护的立法定位

我国《专利法》历次修改中涉及专利行政执法权与司法权的关系有个不断调整的过程。2000年修法以前,专利复审委员会对于涉及专利授权及专利权效力的纠纷的处理有终局权,与司法权相并行。《专利法》在2000年、2008年的两次修订中,删除了专利行政执法部门原本享有的终局裁决权,同时弱化了相应执法权限。2011年后,顺应世界知识产权保护发展趋势,结合我国知识产权强国建设的重大部署和知识产权事业发展的客观现实,《专利法》启动了第四次修改,其中一项重要内容就是强化专利行政执法权。从几次《专利法修正案(草案)》的"征求意见稿""送审稿"来看,⑤对于专利行政执法权的配置也在不断调整,核心点是:是否赋予专利行政执法部门对专利侵

---

① 王先林:《论反垄断民事诉讼与行政执法的衔接与协调》,《江西财经大学学报》2010年第3期。
② 梁平:《"大调解"衔接机制的理论构建与实证探究》,《法律科学》2011年第5期。
③ 练育强:《行政处罚与刑事制裁衔接研究之检视》,《政治与法律》2015年第12期。
④ 姜芳蕊:《知识产权行政保护与司法保护的冲突与协调》,《知识产权》2014年第2期。
⑤ 2015年4月1日,国家知识产权局在其官方网站上发布了《关于就〈专利法修改草案(征求意见稿)〉公开征求意见的通知》,并含附件"《专利法修改草案(征求意见稿)》条文对照"以及"关于《专利法修改草案(征求意见稿)》的说明"。2015年12月2日,国务院法制办公布了国家知识产权报请审议的《专利法修订草案(送审稿)》并公开征求社会各界意见,涉及行政执法的修改内容主要有四个方面:新增规定涉嫌扰乱市场秩序的专利侵权行为;新增对网络专利侵权的规定;具体规定对假冒专利行为的处罚;新增专利行政执法部门的强制措施等。

权行为的裁定权。在最新发布的《专利法修正案(草案)》①中，赋予国务院专利行政部门(国家知识产权局)应专利权人或利害关系人请求处理在全国有重大影响的专利侵权案件，地方专利行政部门亦可对区域内的专利侵权案件应请求处理，同时规定了管辖权内容。

在现有立法体制下，司法审判在知识产权保护中发挥主导作用，特别是司法审查在授权、确权中的重要作用越来越明显，同时司法审判也承载着对知识产权行政执法的司法监督职能。从法律性质上分析，涉及侵权纠纷的知识产权行政裁定是一种"准司法"行为，公权力是应权利人或利害关系的申请而启动，这就直接涉及知识产权行政执法权与司法审判权之间的冲突与衔接问题。随着知识产权专门法院的设立和法官职业素养的显著提升，知识产权侵权案件审理的专业性和权威性已高于知识产权行政执法案件的处理水平，现有的立法设计对知识产权行政执法部门既是机遇，更是挑战。结合我国的知识产权执法实践和未来发展趋势，司法保护主要通过司法审查对知识产权行政执法进行限制。相应地，知识产权行政执法职能的充分发挥也会对司法保护产生影响，这为知识产权行政执法制度的拓展提供了很大的空间，即通过自身制度的不断完善以形成与司法保护知识产权的协同机制。

第二节　司法保护对知识产权行政执法制度的限制

我国建立了法院对行政权力的监督制度。《宪法》第41条即为法院对行政行为进行司法审查的宪法依据，《行政诉讼法》则是其直接法律依据。法院审查行政行为需要把握好"度"，审查过"度"会违背法律授权的初衷，导致

---

① 2018年12月5日，国务院常务会议通过了《专利法修正案(草案)》，并于12月23日提交十三届全国人大常委会第七次会议审议。

司法权侵犯或取代行政权的现象;审查的程度不够,则不能达到有效控制超越或滥用行政权之目的。如何把握"度"的问题,亦即司法权可以在多大的边界内、多强的程度上对行政行为予以司法控制。

一、知识产权效力判定的去行政化

以专利权为例,专利权是专利局授予的一种推定有效的权利,权利是否持续有效,还应当接受社会公众的挑战。作为一种禁止权,专利权主要表现为专利权人依法阻止其他任何人实施其取得专利的发明创造。专利侵权判定是一项复杂的工作,处理专利侵权纠纷时,需首先依据专利权人的权利要求,比对被控侵权产品或方法,若适用等同认定或被控侵权人提出"现有技术抗辩"则更加复杂。在查处侵权纠纷中,专利行政执法人员必然要对涉案专利的法律效力做出认定。囿于行政执法程序的固有缺陷,执法人员在执法过程中不大可能充分听取相对人援引现有技术或无效主张进行抗辩。一旦行政相对人不服专利行政执法的处理决定转而诉诸司法,这反而会增加涉案当事人的司法成本且无法实现行政执法快速维权的制度价值。另外,专利权的效力状态是不稳定的,未经实质审查的实用新型和外观设计专利尤其如此。据数据估计,在已经实质审查的发明专利中,实践中最终被无效宣告的有30%左右;对于未经实质审查的实用新型和外观设计专利的无效率高达一半以上。[①]可见,知识产权行政部门对专利权的效力判定面临诸多不确定性。

对于侵犯专利权的假冒专利行为,现行《专利法》第63条的规定中已暗含了一个前提,就是管理专利工作部门在作出具体行政执法行为时已对涉案专利的效力作出了判定。根据已有数据分析,管理专利工作部门对假冒专利的效力认定并没有引起什么争议。[②]《专利法》第四次修订中新增对故意

[①] 乔永忠、杨雨蒙:《我国专利侵权纠纷执法结案方式实证分析》,《科技管理研究》2014年第11期。
[②] 笔者通过国家知识产权局官方网站公开的统计数据获悉,自2010年2月开始有统计数据的19 934件假冒专利案例中,没有一起案件的行政执法相对人向法院提起行政诉讼。

侵权行为的执法条款，这使得专利行政执法部门对专利权效力认定的尴尬境地愈发凸显。"征求意见稿"和"送审稿"中均赋予了管理专利工作的部门对扰乱市场秩序的故意侵权行为给予行政执法的职能，其中必然牵涉到对专利权效力的认定。如前所述，知识产权行政执法部门不适于对专利权的效力进行判定，在《专利法》最新修订的背景下，把效力判定这一职能还是留给司法机关仍是相对稳妥的做法。

二、知识产权侵权纠纷处理的弱行政化

建立知识产权制度时，由知识产权行政管理部门负责处理一些简单的侵权案件比较合适。在当前的制度背景下，重新审视这一制度创立之初的立法动因，对于知识产权行政部门处理侵权纠纷的职能仍有待斟酌。

首先，本书通过检索 2001—2019 年度法院和知识产权行政执法部门所有受理的专利纠纷案件①，其中法院受理了 179 159 件（占比 74%），知识产权行政执法部门受理了 62 947 件（占比 26%）。需要特别指出的是，2002—2019 年度法院受案率年均增长达到 17.8%。由此推断，我国知识产权民事审判业务量的增长幅度基本与科技创新的活跃程度相匹配，司法保护的制度供给能够基本满足知识产权量不断增长的需求。与此相对应，行政机关受理知识产权纠纷的案件量呈年度波动趋势。可见，我国司法救济一直是解决知识产权民事纠纷的重要途径，伴随知识产权法院（庭）的探索与实践，司法保护的主导地位会日益显现。②

其次，我国知识产权行政执法主体的地位尴尬，执法资源的配备不足。地方知识产权局是知识产权行政执法的主体，但地方知识产权局不包括县一级的行政管理部门，难以形成系统、有效的知识产权行政保护体系；而且，

---

① 本书采用的数据主要来源于国家知识产权局执法管理处公布的执法统计数据，以及知识产权出版社出版的历年《中国知识产权年鉴》和《中国知识产权状况保护白皮书》等。
② 程雪梅、何培育：《欧洲统一专利法院的考察与借鉴——兼论我国知识产权法院构建的路径》，《知识产权》2014 年第 4 期。

很多地方知识产权部门定性于事业单位,根本没有法律法规授权其可采取强制措施,通常情况下,只有在公安、海关等有执法权的部门的协助下才能开展执法活动;另外,行政执法能力的地区差异性比较大,行政执法的标准更难以统一,这些都会影响知识产权行政执法部门查办案件的能力和最终的法律效力。

再次,面对目前推行的知识产权行政执法案件信息公开工作,知识产权行政管理部门的执法能力面临挑战。执法案件信息公开且与征信体系"捆绑",致使行政执法相对人因维护自身信用利益而提起行政诉讼,从而对知识产权行政执法人员查办案件的过程和结果形成强有力的监督和制约作用。

所以,通过行政途径救济知识产权侵权纠纷的制度设计应当逐步减少乃至取消,弱化知识产权侵权纠纷的行政处理,较为符合未来知识产权保护发展趋势。

第三节　知识产权行政执法权对司法保护的影响

行政执法权具有公定力,这是执法权与司法权衔接的基础,也是探讨行政权影响司法过程的关键要素。在知识产权"双轨制"保护模式下,知识产权行政执法机制可以作为司法保护的有益补充。

一、知识产权行政执法证据的效用

行政执法程序与行政诉讼程序都以调取、收集和运用证据为关键环节,是作出行政执法决定、完成行政救济之前提。从证据学角度讲,行政执法证据与行政诉讼证据均是与待证事实有关的依据。两者的关系可主要概括为以下三点:一是行政执法部门在实施执法及违法事实认定中所形成的证据必然视为其后行政诉讼中的证据。在行政诉讼中,除了法院依职权需要主动调取的证据和当事人的补证以外,大部分证据(资料)都来源于行政执法所形成的证据,即行政执法证据是"潜在的行政诉讼证据"。二是行政诉讼程序中的证据要求为行政执法证据规则的设计和运行提供了依据。与行政执法证据相比,行政诉讼证据的立法规范较早、理论研究也较深入。实践中,大多行政执法部门需根据现有的行政诉讼证据规则,来构建、实施细化的执法证据制度。[①]三是行政执法证据与行政诉讼证据在具体的调查、收集、运用等方面有着相似性。这里的"相似性"主要是指体系的构成部分近于一致,比如执法程序中质证程序的"准司法化"等。行政执法证据与行政诉讼证据的紧密联系为行政执法程序与行政诉讼程序的衔接提供了切入点,依此逻辑,专利行政执法证据在相关的专利行政诉讼中亦将发挥重要效用。

从证据学而言,对证据(资料)或依据证据(资料)所得出的结论从而做出判断属于事实问题,而从法律角度对其定性则是法律问题。实际执法过程中,行政部门所做的行政行为通常是两者兼有的决定。知识产权行政执法所认定的事实是行政执法部门在对证据的收集、审查、判断、采纳的基础上,依据相应的证明标准通过内心确认所形成的,这种事实认定具有形成性、羁束性和专业性。据此,法官在知识产权行政诉讼过程中应当充分考虑行政执法部门及其执法人员的专业性判断能力,并适度区分审查涉案中的事实问题和法律问题,以恰当利用对确认执法事实认定的行政效力。根据《专利法》第64条规定,管理专利工作的部门对涉嫌假冒专利行为进行查处时,可以询问当事人、对当事人涉嫌违法行为的场所实施现场检查、查阅复制有关资料、查封或扣押有证据证明是假冒专利的产品等;同时,行政相对人应当对专利行政执法行为予以配合、协助,不得阻挠或拒绝执法人员所实

---

① 姬亚平、冯宪芬:《我国行政证据制度建构之研究》,《西安交通大学学报(社会科学版)》2013年第3期。

施的执法活动。① 当然,知识产权行政执法部门在作出行政执法决定前,已经通过法定程序调取了侵权或违法行为的相关证据材料,并作出了必要的事实认定。考虑到知识产权违法行为的隐蔽性和举证难的实际情况,行政执法部门通过简便的行政取证程序和措施,所形成的对于侵权违法行为的事实认定内容,在后续行政相对人所提起的行政诉讼中,法官应当认真审核在先执法证据的效力或采信此类证据。

二、知识产权行政执法决定的效力

从具体行政行为的法律行为属性出发,知识产权行政执法决定的效力包括公定力、确定力和执行力三个方面。② 公定力是指行政部门一经作出执法决定,不论其实质上是否合法,均有可能被推定为合法,继而需要相关组织或个人承认其法律效力;确定力,是指已生效知识产权行政执法决定对行政部门和行政执法相对人所具有的不受任意改变的法律效力;执行力是指已生效的行政执法决定要求行政部门和行政执法相对人对其内容予以实现的法律效力。以上效力类别在实际的知识产权行政执法活动中具有重要意义,不仅对知识产权行政执法部门和行政执法相对人,也对法官行使审判权产生影响。

行政行为的公定力要求法院认可据以生效的知识产权执法决定,法官不得主观否定其效力,除非经由法定的行政程序使该行政行为失效。换言之,公定力表现为一种尊重的义务,是出于对行政主体地位与作用的信任进而稳定法的安定性的考虑。知识产权行政执法部门所作出的执法决定本身就需要得到法院的尊重,从法官角度讲,审理知识产权纠纷时如果忽视在先作出的行政执法决定只会降低行政诉讼审理的效率和效果。当然,行政

---

① 张维炜:《专利维权,"难"在哪里?》,《中国人大》2014 年第 11 期。
② 在国内,一般认为,行政行为的效力内容包括公定力、确定力、执行力三个方面。但是,随着行政行为效力研究的不断深入,也出现了行政行为的构成要件效力、拘束力效力等观点。

为公定力的适用也有一定范围的限制,如果行政执法决定存在重大或明显的瑕疵,法官有权依据行政诉讼程序对行政行为予以合法性审查,并独立作出裁决。公定力在知识产权行政执法中主要是形式上的确定力①,这是对行政相对人而言的,可一旦牵涉到法官是否受理案件或是否改变在先生效执法决定的效力,就会对专利行政诉讼的提起产生影响。与《行政诉讼法》的规定相异②,《专利法》第60条对行政诉讼的诉讼时效作出特殊规定,限定当事人在"收到处理通知之日起的15日内向法院起诉",这即是对诉讼时限的形式确定力。考虑到本条明确规定当事人在15日内不起诉的,权利人可以依法申请法院强制执行,以实现专利行政执法决定的执行力效力。

由此可见,知识产权行政执法决定的法律效力会影响司法审判权,而更为本质的是可以限制司法权的运行,包括对行政执法行为合法性审查范围的限制、诉讼时限的要求等。本质上讲,是为了确保行政权的效率,从而形成行政权与司法权的彼此制衡。

第四节 知识产权行政执法与司法保护有效衔接的基本路径

在全面推进依法治国和以审判为中心的司法体制改革大背景下,通过持续深化执法体制改革,推动知识产权行政执法与知识产权司法审判之间的有效衔接无疑具有重大的现实意义。③从现有立法制度上看,由于法律体

---

① 行政行为的确定力包括形式确定力与实质确定力两个方面,前者是对行政相对人而言,后者是对行政主体而言。
② 按照《行政诉讼法》第39条规定:"公民、法人或其他组织应当在知道作出具体行政行为之日起的3个月内向法院提起行政诉讼。"
③ 何炼红:《深化体制改革,促进行政保护与司法保护有机衔接》,《中国知识产权报》2014年11月26日。

系及适法标准的差异性,知识产权行政执法与知识产权刑罚各自发挥相应职能。但从衔接机制的功能上看,可以有效地对知识产权行政执法权的任意扩张予以制衡,从而防范行政执法部门"以罚代刑"的产生,将执法权与刑罚权进行有效对接,可以筑起知识产权违法犯罪的防范之网。为了更好地优化执法资源、提升执法效率,知识产权行政执法与刑事司法制度之间的衔接包括实体性衔接和程序性衔接两个方面。

一、知识产权行政执法与司法保护的实体性衔接

实体性衔接主要涉及案件的移送标准、侵权物品的案值等。一方面,是对知识产权假冒案件处理中的衔接。《刑法》第 216 条规定了对假冒专利行为的刑罚规制,但实践中司法部门对入罪标准难以把握,致使执法部门难以决断某些疑难案件是否移送司法部门而产生不必要的拖延。① 现行《专利法》对于案件移送标准的认定是"违法所得"标准,但这与"两高"颁布的相关知识产权刑事案件司法解释中的规定不符,为移送增添了很多障碍。② 需要说明的是,《专利法》第四次修订草案第 61 条对故意侵权行为实施执法的金额、以及第 63 条对假冒专利行为实施执法的金额都更改为"非法经营额"标准,这倒是有利于统一专利违法案件的移送标准。另一方面,是对惩罚性赔偿的适用和认定。《专利法》最新修改后引入惩罚性赔偿机制,这在司法审判中主要是法官在认定侵权赔偿标准时,对情节严重的故意侵权行为,可以在按照权利人受到的损失、侵权人获得的利益或者专利许可使用费倍数计算的数额在 1—5 倍内确定赔偿数额。相应地,知识产权行政执法部门对于反复侵权、故意侵权等恶意侵权行为也可以提高赔偿认定的幅度,国家知识产

---

① 张道许:《知识产权保护中"两法衔接"机制研究》,《行政法学研究》2012 年第 2 期。
② 2004 年"两高"颁布的《关于办理侵犯知识产权刑事案件具体应用法律若干问题的解释》规定,"违法所得"10 万元以上、"非法经营额"20 万元以上的属"情节严重",可能构成侵犯专利罪。可见,"非法经营额"与"违法所得"之间的比例是 2∶1,对于"违法所得"超过 10 万元的,专利行政部门依然可以不移送。

权局可以就跨区域知识产权侵权行为作出认定。惩罚性赔偿机制的引入还处于探索阶段,行政部门和法院对于惩罚性赔偿机制的援引和适用标准仍存在较大空间。为了避免行政权与司法权之间的冲突而造成行政资源和司法资源的浪费,需要不断畅通两者的衔接机制。

二、知识产权行政执法与司法保护的程序性衔接

知识产权行政执法与刑事司法之间的程序性衔接主要涉及证据的收集与转化。行政执法部门对违法证据材料的法定要求通常低于刑事证据的法定要求[1],而知识产权行政执法人员在执法过程中对相关证据资料的调取依旧具有相对的便利性。现行《专利法》第64条规定,管理专利工作的部门对涉嫌假冒专利行为查处时有权调查涉嫌违法行为的情况、对现场实施检查、对有证据证明是假冒专利的产品予以查封或扣押等职权。同时,《专利行政执法办法》第五章规定了管理专利工作的部门在处理专利侵权纠纷和查处假冒专利行为时调查取证的具体规定,包括调取证据的方式、登记保存等。为了进一步提高专利行政执法的强制力,《专利法》第四次修改草案"送审稿"第60条、64条赋予管理专利工作的部门对涉嫌侵犯专利权行为的查处职能,并可采取没收、销毁侵权产品或专用设备以及罚款等强制措施;若当事人拒绝、阻挠管理专利工作的部门行使上述职权,则面临行政责任甚至刑事责任。

基于此,如果可以比照《刑事诉讼法》,借由"两高"发布司法解释或行政立法的形式把知识产权执法案件的证据标准与刑事案件的证据标准统一起来,会更好地激发知识产权行政执法部门及其执法人员发挥其证据调取的优势。对于证据的转化适用,知识产权执法决定本身就是证明力很强的书证形式,会对案件客观事实的认定部分有比较高的证明力,其与知识产权行

---

[1] 冯俊伟:《行政执法证据进入刑事诉讼的类型分析——基于比较法的视角》,《比较法研究》2014年第2期。

政执法过程中所调取的其他证据资料直接可转化为刑事定案的依据。重复侵权、群体侵权、大规模侵权等比较严重的故意侵权行为一直是司法审判实践中的难点、重点,但却始终困扰着知识产权权利人及利益相关人,从而影响着人们对我国知识产权保护制度的信心。在知识产权行政执法过程中,执法部门及其执法人员通过快速查处涉嫌侵权、违法的产品,同时固定可能灭失或今后难以调取的证据(资料),可以有效缓解法院依职权取证的压力。

综上可知,在知识产权大保护格局中,司法保护占主导地位,而行政保护作为司法保护的有益补充有其独特的存在价值。而且,随着地方知识产权综合行政执法体制改革的不断深化推进,以及《专利法》《专利行政执法办法》等涉及知识产权行政执法内容的逐步完善,地方政府的知识产权保护职能体系会更加完善。需要明确的是,知识产权行政执法权作为行政权在知识产权领域的具体表现,权力扩张的天然属性使得其与司法保护之间在某种程度上存在互动博弈的关系。一方面,司法权为知识产权行政执法权的设定及其变更划定界限,司法权对知识产权行政执法权的限制规则主要表现为知识产权效力判定的去行政化和知识产权侵权纠纷处理的弱行政化;另一方面,知识产权行政执法的行政效力亦对知识产权司法审判产生影响,这表现为知识产权行政执法证据的效用以及知识产权行政执法决定的效力。鉴于此,以知识产权行政处罚与刑事保护的交叉领域为切入点,本书尝试从实体和程序两方面,提出构建知识产权行政执法与司法保护的有效衔接机制。总之,知识产权行政部门与法院有必要加强相互间的衔接与沟通,经由统一的侵权事实认定标准和证据证明标准,更好地发挥地方政府职能,更充分地维护权利人利益,更有效地遏制知识产权侵权行为。

第五章
合作维度：区域地方政府知识产权行政保护的协调运转

在新发展阶段，以长三角、粤港澳、京津冀为代表的区域经济一体化发展成效显著，知识产权区域一体化发展是其重要表征。区域一体化的主要目标是打破行政区划阻隔，使得行政资源在区域范围内得到最优配置，从而充分激活市场资源。长三角区域是国内区域经济发展最为活跃、一体化体制机制运行最为成熟的区域。在长三角一体化上升为国家战略之前，上海、江苏、浙江、安徽"三省一市"也早已在知识产权领域的执法协作、联合执法、信息共享等方面进行了多年实践探索，这种合作从省级政府延伸至市（县）级地方政府。因此，长三角区域是探讨跨区域协调机制运行的最佳范本，也是分析知识产权跨域治理及其政府职能协调的样本。

2019年12月1日，中共中央、国务院印发《长江三角洲区域一体化发展规划纲要》（简称《规划纲要》），为全面推动长三角一体化发展提供纲领性文件。长三角一体化的内涵式发展从根本上要靠创新驱动，既包括科技创新，更是体制机制、政策和市场等方面的创新，知识产权为产权资源配置和市场秩序维护提供制度保障。《规划纲要》特别指出，要"加强长三角知识产权联合保护"，目的是建立健全"协同创新政策"支撑体系。2019年11月13日，长三角三省一市知识产权局签署《长三角区域知识产权执法协作协议书》，标志着长三角三省一市知识产权执法协作机制正式构建。执法协作需要统筹协调两个或两个以上省(市)级范围内的行政资源,对执法协作的政策制定水平、机制运行效率和实际执法效果都是较大考验。

依托于天然的地缘联系、共同的产业发展需求和多年的跨区域联合执法实践,长三角知识产权保护协同效应显现,形成了以联席会议为纽带、由工作协调小组牵头运行的协同运行机制,但仍面临诸多问题亟待解决。区域内知识产权保护的地方性立法缺乏统一协调,涉及跨省(市)知识产权执法协作的制度供给不足且效力位阶较低;知识产权执法协作机制不够顺畅,尤其是在案件移送、协助调查、信息共享等方面难以深入开展合作,缺乏细化的机制设计和程序保障;知识产权执法水平存在差异,案件执法尺度和法律适用标准不统一,客观上为协助执法调查、执法结果互认等更深层次的执法协作设置障碍。对此,有学者试图给出相应的对策建议。[①]也有学者通过研究其他区域知识产权协同保护问题,为本书研究提供参照。[②]现有研究为区域性知识产权执法协作问题的探讨提供了初步的政策梳理、理论反思和现实关照。然而,关于知识产权执法协作的难点和约束因素有待深入剖析,执法协作的区域立法联动以及地方性综合立法协调缺乏体系化思考,执法协作的机制构建缺少具体细化的完善路径。[③]本书通过对长三角区域知识产权执法协作的现状、面临困境及问题分析,试图从区域知识产权立法完善、协同执法机制构建、自由裁量基准制定以及信息监管平台建设等方面进行对策探讨,以期全面提升区域知识产权协同保护的整体效能,更好促进长三角知识产权保护一体化发展。

[①] 李伟:《长三角知识产权保护一体化的思考》,《中国发展》2019年12月;焦海霞:《专利数量与质量的关联性研究——基于长三角的实证》,《情报工程》2019年第5期。
[②] 费艳颖、赵亮、郝娜、余扬横波、赵夏青:《东北4省(区)知识产权行政执法协作的困境及对策——以大数据云计算为背景》,《科学管理研究》2018年4月;曹琴仙、付华:《京津冀知识产权法治协同保护机制研究》,《河北法学》2018年7月;滕宏庆、佘锦燕:《粤港澳大湾区知识产权行政保护联动机制研究》,《中国应用法学》2019年第6期。
[③] 万里鹏:《长三角区域知识产权执法协作的困境及对策研究》,《科学管理研究》2020年第5期。

第一节 区域政府知识产权协调保护的实践探索
——以长三角区域为例

一、知识产权行政执法协作制度建设初具雏形

总体上,长三角区域知识产权执法协作制度建设主要分为三个层次。

(一)参与签署全国性以及跨区域的知识产权执法协作协议

2003年4月,北京、上海、江苏、浙江等16省市于上海签订了《省际间专利行政执法协作协议》,这份省际协议为长三角区域内专利执法协作提供政策指导。2011年12月20日,长三角三省一市知识产权局代表参与签署《全国知识产权系统跨省(自治区、直辖市)专利行政执法协作协议》[1],推动全国知识产权系统开展跨地区的执法协作。2019年12月4日,三省一市知识产权局参与签署《十二省市知识产权行政保护协作协议书》[2],协同打击跨区域专利、商标、原产地地理标志侵权违法行为,发挥联合执法和协作执法的协同效应。此次协作机制的职能更广,协作内容扩大到专利、商标、地理标志保护,进一步明确各省市在知识产权行政保护案件线索移送、调查执行协助、联合执法保护、结果互认互享等方面的具体协作内容和模式。

(二)共同制定长三角区域知识产权执法协作规范性文件

2005年9月23日,长三角地区27个知识产权局的代表共同签署了《长三

---

[1] 根据协议内容,各协议成员局遵循各负其责、协作配合、信息共享原则;各协议成员局分别负责指导、监督、协调辖区内专利行政执法协作工作,统一对外协调跨省(区、市)专利行政执法协作工作;执法协作的内容包括立案协作、案件协办、联合执法;执法协作机制包括交流机制、执法协作联络机制、案件移送协作机制;等等。

[2] 根据《十二省市知识产权行政保护协作协议书》,北京、天津、河北、江苏、山东、广东、重庆、四川、湖北、浙江、安徽、上海12省份知识产权局将进一步打通相关案件线索移送通道,加强在案件调查取证、处理文书送达、处理决定执行等方面的合作,推动建立知识产权侵权判定的互认机制、12省份重点商标保护互认名录等,并加强知识产权侵权纠纷检验鉴定、仲裁调解、海外维权援助等服务资源共享。

角地区知识产权局系统专利行政执法协作协议》[①]，正式开启长三角区域知识产权执法协作。2009年4月24日，上海、江苏、浙江共同签署《长三角地区知识产权发展与保护合作框架协议书》，进一步推动完善三地间的知识产权执法协作联动机制，有效促进信息资源共享、执法标准统一以及案件移送制度等方面。2018年4月20日，安徽省参与签署了《长三角地区知识产权一体化发展合作框架协议》，正式被融入长三角知识产权一体化发展合作框架。2019年4月19日，三省一市共同签署《长三角地区共同优化知识产权营商环境合作意向书》，聚焦于强化区域知识产权发展共商、保护共治、服务共享等方面合作。

（三）三省一市分别颁布知识产权执法协作规范性文件

2016年长三角三省一市先后出台《知识产权"十三五"发展规划纲要》，要求加强长三角地区知识产权执法协作机制，推动行政执法、维权援助、信息发布与共享等方面的交流合作。上海正加快编制面向2035年的知识产权强市战略纲要和知识产权"十四五"规划，设专章规划长三角知识产权一体化发展事宜。[②]2017年3月28日，浙江省政府印发《关于新形势下加快知识产权强省建设的实施意见》，强调加快知识产权开放发展步伐的重点是推动完善长三角地区知识产权合作机制，提升区域知识产权战略协同水平。对标省级政策部署，长三角的市（区）级政府也出台了涉及执法协作的规范性文件。例如，2011年3月18日，嘉兴市人民政府办公室转发《市科技局关于嘉兴市创建国家知识产权示范城市工作方案的通知》指出，要积极融入长三

[①] 协议涉及的主要内容包括：(1)指导思想。(2)基本原则。主要有管辖原则、配合原则、报送原则、指导监督原则等。(3)执法协作内容。协议从网上信息交流、跨区域案件移送、协助调查取证和协作办理重大案件等几个方面作出了约定。(4)执法协作程序。协议对专利侵权纠纷案件、假冒和冒称专利案件的具体协作程序分别作出了明确详细的规定。(5)执法协作保障措施。具体规定了建立工作机构、建立年会与专题会议制度、确保执法协作机制的实施和加强信息交流等。另外，协议还附加了八类表格，依此对各知识产权局今后协作办案中来往文件的具体操作形式加以明确。

[②] 上海市知识产权局对市政协十三届二次会议第0993号提案的答复，载上海市知识产权局网，http://sipa.sh.gov.cn/xxgkml/20200110/5d199c749b034c7aa44b899b58ab57b9.html，2020年1月10日。

角知识产权保护协作网,进一步加强区域间的知识产权保护协作;2017年7月28日,南通市政府印发《南通市加快建设知识产权强市工作方案(2017—2020年)》,要求积极参与长三角知识产权保护联盟和长三角城市执法协作体系,强化多部门、跨区域的统一保护机制。

二、知识产权行政执法协作沟通机制基本建立

(一)召开长三角知识产权联席会议

依据《长三角地区知识产权局系统专利行政执法协作协议》,自2006年起,长三角地区知识产权局每年召开专利行政执法协作联席会议。2009年,上海、江苏、浙江三地知识产权局签订《长三角地区知识产权发展与保护合作框架协议书》约定,在每年"4·26知识产权宣传周"期间,轮流召开知识产权发展与保护状况新闻发布会。此后逐渐形成定期召开长三角知识产权联席会议和知识产权新闻发布会的惯例,积极开展长三角知识产权局领导会晤交流,加强对落实重大部署、重要工作、重点任务的协调协作。

(二)设立长三角知识产权执法协作工作协调小组

根据《长三角区域知识产权执法协作协议书》,设立由三省一市知识产权局局长和分管执法工作的副局长组成的长三角区域知识产权执法协作工作协调小组,并将围绕重点领域、重点商品、重点环节,联合开展跨地区的知识产权专项执法行动,统一知识产权案件的法律适用标准和处罚尺度等。①

(三)建立长三角知识产权公共服务信息资源平台

2019年10月,三省一市共同签署《长三角地区知识产权公共服务合作框架协议》,未来,四地知识产权公共服务平台管理部门将建立长效合作交流机制,在信息资源综合高效运用、公共服务资源聚集整合、人才资源共享、海外保护资源共建等方面开展深度合作。

---

① 本刊编辑部:《长三角三省一市构建区域知识产权执法协作机制》,《河南科技》2019年第11期。

三、知识产权行政执法协作实践探索日益丰富

（一）开展长三角知识产权行政执法协作活动

2019年9月25日，上海市知识产权局印发《2019年上海市知识产权局打击侵犯知识产权和制售假冒伪劣商品工作要点》，提出深化长三角区域协作机制，落实完善打击侵权假冒区域合作机制，促进长三角地区知识产权执法程序和执法标准统一，推动区域知识产权保护共治。

（二）开展特定部门知识产权执法协作活动

2018年8月27日，上海市工商行政管理局印发《〈上海市重点商标保护名录〉管理办法（试行）》，提出在长三角商标保护一体化协作进程中，充分发挥长三角商标保护协作网的作用，提升对保护名录中商标的保护效能。

（三）开展长三角区域内特色知识产权执法协作活动

2020年1月3日，上海市嘉定区市场监管局（知识产权局）与江苏省张家港市市场监管局签订《长三角一体化知识产权区域品牌保护合作备忘录》，决定两地充分发挥各方优势和特色，在宣传与培训、知识产权管理、品牌互认互保、知识产权协同保护等方面，加强沟通交流和合作，共享资源，互通信息，建立定期交流与考察学习机制，共同发挥政府部门的推动作用，加大对侵犯知识产权行为的联合打击力度，建立维权直通车，共同为权利人开展侵权投诉、商标鉴定、中国驰名商标申请认定等提供指导及便利化服务。

四、上海进博会知识产权保护"1号案例"的经验与启示

习近平总书记在首届上海进博会上强调，要坚决依法惩处侵犯外商合法权益特别是侵犯知识产权行为。近年来，上海进博会全面贯彻落实习近平总书记重要指示精神，建立健全知识产权保护体制机制，积极维护参展商合法权益。上海进博会正在成为全球智力成果展示的重要窗口。

第二届上海进博会期间，参展商某外资全球知名企业M公司就其企业标

识提出维权诉求。上海知识产权保护部门高度重视,上海市知识产权联席会议将其列为进博会知识产权保护的"1号案例"。经过审慎研判,依据2019年6月签订的《长三角区域知识产权执法协作协议书》,迅速将案件移送至江苏和安徽知识产权保护部门。两省知识产权执法部门依法开展执法调查。在案件办理过程中,上海、江苏、安徽三地知识产权执法部门分工明确、相互协调督促,体现了跨区域知识产权联合执法机制的效能优势。经各方努力,案件查办获得重要突破。"1号案例"的成功推进,是上海进博会重视知识产权保护的重要例证。笔者认为,类似案件处理的成功经验,对于将上海进博会打造成为展示我国知识产权保护的努力及成果的重要平台,具有重要意义。

(一)"1号案例"成功处理的经验和启示

1. 进博会知识产权保护的"全程性"

M公司在进博会刚结束时提出维权诉求。案件的有效推进得益于进博会全过程、全流程的知识产权保护体系:进博会前,上海市知识产权局牵头制定并组织全市相关部门实施《进博会知识产权保护百日行动方案》;展会期间,进博会召开全球知识产权保护和创新发展大会,通过官网、呼叫中心等途径,为参展商和采购商在中国申请和获得知识产权保护提供指引;展会后继续在立法、执法和司法层面不断强化保护。这一案件的推进,在一定意义上表明进博会努力构筑"依法保护、严格保护、快速保护、平等保护"知识产权的市场环境取得实效。

2. 不同主体无偏差保护的"同等性"

本案中,M公司是外资企业,作为典型的涉外案件,上海坚持对国内外企业的知识产权一视同仁、同等保护,充分保护权利人权益。"1号案例"处理过程中,上海市知识产权局及相关部门高度重视,快速启动执法调查程序,第一时间研究案情,保证执法活动的公开、透明,维护M公司的合法商标权益。

3. 长三角一体化行政执法"协同性"

"1号案例"的成功处理,跨区域知识产权保护联动机制发挥了重要作用。

案件被上海市知识产权联席会议确定为进博会"1号案例"后,上海市知识产权局发现该案不属于本市执法部门管辖,及时将案件线索信息和投诉举报材料向有管辖权的江苏、安徽知识产权执法部门移送。江苏、安徽行政执法部门则及时核实通报信息,审查移送的材料,依法立案查处,并及时书面反馈上海市知识产权局。"1号案例"是长三角知识产权执法协同的一次生动实践。

4. 知识产权行政维权机制"便捷性"

知识产权的司法保护无疑具有"基础性"地位。与此同时,上海进博会不断完善知识产权行政维权机制:制定《中国国际进口博览会关于参展项目涉嫌侵犯知识产权的投诉及处理办法》,规定了知识产权投诉申请的条件、服务中心接受投诉和调处投诉的流程;加强司法系统和行政机关在资源共享、线索移送和执法衔接等方面的协作;引入了行政调解和专家协调机制,力求展会期间高效稳妥地处理纠纷。[①]M公司高度评价进博会知识产权快速维权机制便捷、高效和低成本,反复强调"进博会知识产权保护平台在快速立案、快速查证、快速处置、快速反馈方面给我们留下了深刻印象"。

(二)由"1号案例"引出的几点建议

上海进博会是世界了解中国知识产权保护努力的重要窗口,知识产权保护工作事关国家形象和外资对中国市场的信心。总体而言,知识产权保护仍任重道远。为此,笔者建议:

1. 探索制定《上海展会知识产权保护规定》

上海展会规模大、影响大,特别是2010年上海世博会、连续三届上海进博会的举办,上海在知识产权保护方面积累了丰富的实践经验。但总体上看,仍然缺乏相对统一的制度规范。展会知识产权保护中暴露的一些问题,如知识产权执法效率、协同保护等问题,都与制度供给不足有关。有必要通过政府规章等形式,细化展会知识产权保护工作的主体责任、协调职责、纠

---

① 高阳、陈舒献:《从进博会看知产纠纷多元解决机制》,《上海法治报》2019年3月20日。

纷处理程序等内容,补足相应的制度短板。

2. 编制《上海展会知识产权保护实例》

上海进博会以及其他展会在知识产权保护方面进行了多年探索,积累了不少成功案例和做法,在条件成熟时,适时编制《上海展会知识产权保护实例》,系统地总结上海进博会等知识产权保护的丰硕成果,展示进博会构建保护知识产权、打击侵权假冒的全球治理新格局的努力和成效,不断赢得国际社会对我国营商环境的信任。

3. 全面提升长三角地区知识产权综合治理效能

长三角知识产权综合治理效能的进一步提升,对于强化进博会知识产权保护体系至关重要。进一步强化长三角知识产权联席会议的定位,使这一机构能够更好统筹协调长三角区域知识产权保护事宜;同时,建立健全长三角地区知识产权信息共享失信企业名单互享机制,全面提升长三角地区的知识产权信息化能级和管理水平。

4. 以信息科技助力进博会知识产权高地建设

顺应大数据、云计算、人工智能发展趋势,建议建立健全上海进博会知识产权保护基础数据库。同时,借助"互联网+"相关技术手段,实现对侵权假冒线索的在线识别、实时监测、源头追溯,推进线上线下一体化协同监管,全面提升进博会知识产权保护效率和水平,为上海营造国际一流营商环境发挥重要作用。

第二节　长三角区域知识产权行政执法协作面临的主要困境

一、知识产权行政执法协作政策法规亟须健全

现有长三角区域知识产权执法协作的制度化以省际政府间行政协议为

主,辅之以省(市)级规范性文件,这符合长三角区域治理实践。大量府际行政协议的签署为增进长三角知识产权行政协同起到一定的推动作用,但区域性立法成果不多,现有制度的体系化程度低且缺乏法律监督机制。

当前,长三角三省一市知识产权执法协作的主要依据是《长三角区域知识产权执法协作协议书》,以订立协议的方式就执法协作相关问题达成共识,从而指导各自的知识产权行政执法工作。在应然层面,区域合作协议对缔约主体具有拘束力[1];但在实然层面,区域合作协议属于契约,并非法律规范性文件,当行政协议与地方性法规、规章发生冲突时,能否优先适用协议条款是存疑的;现有行政协议并未向社会公众公开,对协议的落实缺乏监督机制;如果协议未约定责任条款,又会降低政府部门履约的积极性,致使行政协议失效。而且,目前的执法协作制度散见于不同层级的多个协议或规范性文件中,条款表述也较为原则,缺乏专门的区域性协调立法文本或规范性文件,客观上增加了跨区域行政执法协作的难度。此外,脱胎于专利行政保护的长三角知识产权执法协作机制,知识产权保护的政策重心仍然是专利执法,商标、版权、地理标志等其他类知识产权并未全面兼顾,知识产权综合执法效应未能体现。

二、知识产权行政执法联动协作机制有待完善

目前,知识产权执法实践中广泛推行的多部门联合执法、协作执法等"专项治理"活动,在产生积极效果的同时也遮蔽了权限冲突客观存在的现实弊端。相比于顶层设计方面的制度掣肘,处于"条块分割"的行政管理体制下,实践中的执法联动协作机制运行面临更多困境。

(一)长三角跨区域联合执法机构不明确

在现行的长三角区域组织协调方面,三省一市一般都设有日常工作领

---

[1] 叶必丰:《区域合作协议的法律效力》,《法学家》2014年第6期。

导小组、联席会议办公室等名义的常设机构,负责协调执法协作事宜。自2008年起实施"三级运作"机制,"实际上也只是一个对话、沟通、协商交流的机制,但在整个区域一体化问题上,没有任何一个人有管理权,只有发言权"。①即使在《长三角区域知识产权执法协作协议书》签署后,约定设立由三省一市知识产权局局长和分管执法工作的副局长组成的长三角区域知识产权执法协作工作协调小组,仍未约定实质性的管理权或决策权。三省一市在行政级别上平等,协议约定中也无更高层级行政主体进行统筹协调,实践中相关条款执行情况缺乏监督制约机制。从一般意义上理解,协调小组当且仅当执法协调事宜发生后、存在协作需求时得以被动启动协调工作,而非主动前置协调程序,这必然使得区域协作执法效果大打折扣。

(二)知识产权事务"多头管理"的体制弊端加剧跨区域执法联动的难度

从目前的行政协议和规范性文件的主体来看,都是知识产权局参与主导,这显然难以兼顾到主要的知识产权管理部门。在新一轮知识产权机构改革后,长三角地区知识产权局划转为市场监督管理部门管理,虽然相对统一了专利、商标和地理标志管理权限,但版权执法、海关知识产权执法、与贸易有关的知识产权执法等仍分属不同行政部门管理。严格意义上讲,现行知识产权执法协作主要是专利执法协作,远未达到综合性的知识产权执法层级。各执法主体囿于职责权限而缺乏必要的沟通协调,现有政策文本又未扩展相关行政主体范围,导致目前的知识产权执法协作存在很大的局限性。

三、知识产权行政案件的法律适用标准和处罚尺度有待统一

尽管长三角区域知识产权保护水平居于全国前列,但区域内的知识产权执法能力存在差异、执法资源不均衡,不同省域知识产权局对类似侵权违

---

① 谢江姗:《"探秘长三角区域合作办公室:从'三级运作'到合署办公"》,《时代周报》2018年3月27日。

法案件的判罚标准不统一,使得跨区域的知识产权执法协助以及执法结果互认互享等协作机制难以顺利开展。相比而言,知识产权司法审判有专门的特别管辖制度、专业的知识产权法院体制以及完备的司法解释做支撑,实践中仍然频现知识产权类案裁判尺度不一的问题,对设立最高法院知识产权巡回法庭、建立再审案件统一管辖的现实需求与理论反思即是例证。[1]知识产权法律状态的不稳定性、知识产权案件处理本身的专业性以及知识产权侵权行为的隐蔽性和侵权证据的难以固定等特性,无论是知识产权案件的司法审判还是行政调处都存在相对较大的自由裁量空间。为规范专利侵权纠纷行政裁决行为,确保专利侵权纠纷行政裁决的质量和效率,国家知识产权局于2019年12月发布《专利侵权纠纷行政裁决办案指南》,但未见统一专利行政处罚裁量标准的部门规章或规范性文件。由于涉嫌专利行政处罚的案件一般是群体性、重复性的恶意侵权行为,需要跨地域、跨部门的联合执法,其执法职权、执法理念、执法标准必然会受到所处行业和地域的影响而造成处罚尺度不一的结果。

再从三省一市知识产权执法资源来看,也存在较大的发展不平衡问题。比如,本轮知识产权机构改革后,上海市和江苏省知识产权局的机构性质变更为省级市场监督管理局的部门管理机构,仍保持相对独立性;而浙江省和安徽省知识产权局仅是省市场监督管理局的挂牌单位,原知识产权局管理职责由新成立的市场监督管理局的若干处室部门承担。暂不考虑职能绩效问题,单从知识产权管理资源的调动能力上,浙江省和安徽省知识产权局明显处于劣势。再比如,从知识产权执法队伍的配备上看,江苏省早在2004年就在全省13个省辖市全部建立了知识产权机构,并通过授权执法、委托执法等方式,逐步构建起了覆盖省、市、县三级的知识产权执法保障体系,并连续多年通过实施集中培训、岗位竞赛等方式不断提高一线执法人员的能力和

---

[1] 易继明:《构建知识产权大司法体制》,《中外法学》2018年第5期。

素养。相比而言，上海受制于市、区两级管理体制且区级管理部门并无执法权的法律制度约束，在区级执法层面只是授权浦东、徐汇等个别区域，整体上知识产权执法力量配备不足，执法能力和执法积极性受到较大影响。可见，区域性知识产权案件判罚尺度不统一只是问题的表象，深层次原因是不同省份的知识产权保护体系和制度保障方面的差异。

四、知识产权行政执法协作信息共享平台亟待搭建

在"互联网＋"环境下，大数据、云计算、人工智能等新一代信息技术为知识产权领域治理提供便利，但作为基础条件的知识产权信息沟通平台却未及时搭建，信息壁垒阻滞了区域知识产权执法协作信息的互联互通。目前，三省一市知识产权执法协作的信息沟通主要依托联席会议、专题会议等物理层面的现实场景，尚未建立虚拟层面、数字化的信息共享平台。面对愈加频繁和隐蔽的知识产权侵权行为，传统的事后信息交换方式已经难以为知识产权执法协作提供参考。更何况，信息滞后也难以精准打击互联网侵权活动，缺少信息指引下的执法协作只能停留在低效率运转而流于形式。比如，电子商务领域侵权往往涉及不同省份，侵权主体的隐蔽性较强，需要借助线上线下的信息联动实现源头追溯。在信息共享平台尚未建成的现阶段，侵权行为的在线识别信息呈分散状态，难以聚合成有效信息资源去追溯线下的侵权假冒生产销售活动。

建立区域知识产权执法信息共享平台的难点主要有以下三个方面：一是各自省域内的知识产权信息共享平台未有建成，不同知识产权管理部门的信息仅在系统内流转，地方政府的大数据治理能力还未整合地方知识产权监管资源；二是在纵向上，各省份知识产权局与国家知识产权局的系统内信息共享机制未发挥效力，地方知识产权局属地化管理体制为国家知识产权局整合地方信息预留的空间比较有限，法律意义上的业务指导关系在实际运行中易于被淡化；三是知识产权管理部门对大数据、人工智能等信息化监管技术的认识不足、运用能力欠缺,缺少必要的信息技术人才保障和培训交流机会,执法人员也无法利用信息技术平台开展工作。信息共享平台对于执法协作的意义不仅限于导航和预警,而是数据驱动下的长三角知识产权保护一体化,数据层面的共享联通是执法协作的前提和保证。

第三节　推进长三角区域知识产权行政执法协作的对策建议

一、加快知识产权行政执法协作区域立法

立法保障是长三角知识产权一体化发展的制度基础。共同的立法需求是实施区域立法协同的前提条件,抓住国家和地方立法机遇、乘势而上是区域立法协同能够顺利展开的关键因素,建立工作交流机制是区域立法协同最终取得成果的重要保障。①在立法法及其立法规程允许的框架下,统一长三角区域的知识产权法律法规和规范性文件,使协作执法取得稳定长效的治理效果。

（一）采取协调互补的立法协作模式

《规划纲要》指出,要"推动重点区域、重点领域跨区域立法研究,共同制定行为准则"。不同于单一立法主体的立法活动,区域协同立法是多元利益博弈的结果,受到地方经济发展水平、发展目标、人文环境等因素的综合影响。有效识别和平衡不同主体的多层次、跨领域利益需求,并及时上升为共同立法需求,是提高区域协作立法成功率的重要前提。根据知识产权行政保护的立法特点和区域立法协作需求,宜采取协调互补的立法协作模式。②正在编制中

---

① 毛新民:《上海立法协同引领长三角一体化的实践与经验》,《地方立法研究》2019年第2期。
② 即经过三省一市共同协商确定一个示范性的条款文本,各地再根据其个性化差异调整地方立法的具体表述,最后形成不同版本的立法文件,由各地人大常委会分别审议通过后在行政区域内施行。

的"十四五"规划及新一轮省级知识产权战略纲要为知识产权区域立法协作提供重要契机。执法协作可以作为长三角知识产权一体化发展事宜的重要内容体现在共同协商的示范性文本中,形成标准化条款,作为长三角地区各级政府制定或调整相关知识产权政策法规的参照依据。

(二)进一步完善知识产权协同立法机制

为深入贯彻落实《关于深化长三角地区人大常委会地方立法工作协同的协议》,通过细化规定协调机构、协调机制、协同方法等内容,为知识产权执法协作的地方立法提供政策保障。由三省一市立法机关、政府法制部门、知识产权行政管理部门等代表,成立长三角地区知识产权执法协作区域立法协调机构,共同协商制定执法协作的示范性文本,对各级政府部门拟定的相关政策文本进行论证,并出具指导性意见和建议。在协调机制构建方面,要充分发挥好省级人大常委会工作机制的功能和作用,将知识产权执法协作事宜纳入三省一市人大常委会主任座谈会的专题研究事项,协调解决协作立法中的重大问题,适时将知识产权立法协作议题提交人大常委会主任座谈会谈论确定。在协同方法上,鉴于上海市在长三角一体化中发挥"龙头带动作用",可采取上海市起草、其他三省配合、共商基本原则的方式。在示范性文本起草过程中,上海市应当主动征求各方意见,既要规定诸如协作程序、监督机制的刚性约束,又要原则性规定为地方个性化调整预留空间。

(三)完善知识产权执法协作的区域立法内容

三省一市可以将以下内容纳入区域立法协作的范围:推动执法协作机制的制度化,相应调整地方知识产权综合立法内容;推进三省一市在知识产权案件的法律适用程序、侵权违法认定、行政处罚自由裁量等方面执法标准的逐步对接,为区域内知识产权执法结果互认提供基础;强化知识产权信息通报和联动协调,实行侵权信息监管和预警;规范跨区域专项联合执法活动,以遏制恶性侵权行为;推动建立与相邻省份知识产权执法协作的信息共享机制;共建知识产权信用体系;加强知识产权执法协作的信息公开与监督机制;建立健全大数据、云计算、人工智能等技术支撑体系;推进知识产权保护一体化方面的信息共享和科研合作。区域执法内容要根据新的形势和政策部署,整合已签署的行政协议,依法依规做好相应调整,提高地方立法的预见性和可操作性。

二、完善跨省份、跨部门知识产权行政执法协作机制

(一)提高知识产权议题的协商级别,健全执法工作联席会议机制

长三角是知识产权密集型区域,知识产权保护在长三角一体化发展中的重要价值日益显现,有必要进一步提高知识产权相关议题的协商级别,将其作为长三角一体化发展领导小组的"重大规划、重大政策、重大项目和年度工作安排"进行研究审议。[①]为了加强执法协作的组织协调力,现由三省一市知识产权局局长和分管执法工作的副局长组成的长三角区域知识产权执法协作工作协调小组需要升级扩容,即将知识产权执法协作事宜纳入省(市)长协商机制,由分管知识产权工作的副省(市)长负责重大问题的协调事宜,增加市场监督管理部门、版权管理部门、商务部门等行政主体组成新的执法协作工作协调小组。相应地,要进一步健全长三角知识产权执法联席会议制度。各省级知识产权局负责牵头联席会议,但应会同政府办公厅、海关、法院、检察院以及市场监督管理部门等负有知识产权保护职责的行政部门,职能覆盖执法协作中的案件通报、证据保全、案件移送等方面的信息共享。同时,应由三省一市政府办公厅参与组建联席会议的常设机构,专责联席会议的日常协调工作,克服知识产权局单独协调能力有限的问题。随着知识产权执法协作工作的深入推进,未来可考虑在协调小组正常运转的基础上,在某一省(市)成立常设的组织机构,将执法协作工作进一步制度

---

① 依据《长江三角洲区域一体化发展规划纲要》,成立推动长三角一体化发展领导小组,统筹指导和综合协调长三角一体化发展战略实施,研究审议重大规划、重大政策、重大项目和年度工作安排,协调解决重大问题,督促落实重大事项,全面做好长三角一体化发展各项工作。领导小组办公室设在国家发展改革委,承担领导小组日常工作。

化、常态化。该机构需由三省一市联合组建,可采取灵活的组织方式,主要负责知识产权执法协作中的立法协同、协助执法、执法资源共享协调等工作,以统一执法标准、提高协作执法效率。

(二)加大执法协作的监督力度,构建多元主体参与的协同保护机制

执法监督是推动执法协作工作分工负责、高效协同的重要保证,加大执法监督力度能够减少执法主体之间推诿敷衍、执法权限冲突、责任落实不到位等问题。执法监督体系的构建分为行政执法系统内部监督和外部监督两个层面。在内部监督方面,可以考虑引入国家知识产权局作为三省一市知识产权执法协作的第三方监督主体,通过业务指导、定期评估、专题汇报、监督问责等形式督促各方落实执法协作相关计划目标。监督的制度化可以先约定于省际签署的执法协作行政协议,再逐步进入地方规范性文件或地方性法规之中。有必要将国家知识产权局纳入区域知识产权执法协作监督体系之中,这既是充分调动中央和地方两个积极性,也是构建知识产权大保护工作格局。中国知识产权行政保护状况主要依赖地方政府对中央政策精神的实施力,国家必须通过中央集权、强制力或激励条件等方式获得地方行政部门的合作与支持①。在外部监督方面,要充分调动多元化主体的协同优势。社会共治模式强调多元主体共同参与对复杂社会问题的解决,有利于避免"政府失灵"现象。长三角知识产权协同保护机制是开放性的,以联席会议为纽带,发挥企业、行业协会、商会、志愿者组织的灵活性、专业性和公益性。

(三)强化侵权案件的会商协调,完善知识产权快保护协作机制

启动执法协作机制的案件很多都是跨地域、跨部门的重大疑难案件,这就需要三省一市不断强化对知识产权侵权案件的会商协调能力。围绕重点领域、重点商品、重点环节,联合开展跨地区的知识产权专项执法行动,发挥

---

① Bryan Mercurio, "The Protection and Enforcement of Intellectual Property in China since Accession to the WTO: Progress and Retreat", *Social Science Electronic Publishing*, Vol.9, 2012.

各自在知识产权案件处理方面的业务专长和执法资源优势。针对知识产权行政执法过程中遇到的某一类、具有共性特征的疑难案件,三省一市可以联合召集办案人员、专家学者予以论证,共同提高执法办案的质量和水平。增强侵权案件的会商协调,有助于突破知识产权快保护关键环节。相较于司法保护周期长、成本高,权利人选择行政保护途径就是为了节省时间和降低成本,以及必要的证据保全、在先行政裁决效力等优势。基于三省一市知识产权保护相关议题的统筹协调,免去现有行政执法案件管辖制度中的层层上报、逐级批准的限制程序,联合制定跨区域、跨部门案件处理规程,健全重大案件的联合查办和移交机制,从而有效打破地方保护,切实实现知识产权行政保护的高效便捷性。

三、制定长三角区域知识产权行政案件自由裁量基准

为统一知识产权案件的法律适用标准和处罚尺度,三省一市有必要共同制定知识产权行政处罚自由裁量基准。考虑到裁量基准制定的可行性和地方知识产权管理部门的法定职责,可以先行制定关于专利违法案件行政处罚的自由裁量基准,然后逐步拓展至商标、版权等知识产权领域。以专利执法为例,自由裁量基准应重点把握以下三方面内容。

(一)裁量权规制的违法行为类型

根据处罚法定基本原则,地方知识产权局实施专利行政处罚权的依据来源于两个层级,一是中央立法层面的《专利法》《专利法实施细则》等法律、行政法规,规定专利行政处罚的行为类型和自由裁量幅度;二是地方立法层面的专利保护立法,长三角地区主要是《上海市专利保护条例(2001)》《江苏省专利促进条例(2019修正)》《浙江省专利条例(2015)》《安徽省专利条例(2015)》,均细化规定了处罚行为和裁量幅度。综合考虑立法现状和法律法规进一步修订的发展趋势,长三角地区专利处罚裁量权规制的违法行为包括但不限于以下七种:一是假冒专利行为类。根据《专利法》第63条和《专利

法实施细则》第 84 条,管理专利工作的部门可行使免于处罚、没收违法所得、并处违法所得 4 倍以下罚款或 20 万元以下罚款的自由裁量权。二是违反专利标识规定类。根据《专利法实施细则》第 83 条,管理专利工作的部门可行使责令改正的裁量权。三是为侵犯专利权提供便利条件类。《上海市专利保护条例》第 31 条、《浙江省专利条例》第 45 条、《安徽省专利条例》第 44 条都规定了责令改正、没收违法所得、违法所得倍数罚款以及特定金额以内罚款的自由裁量权。四是重复侵犯专利权。《浙江省专利条例》第 46 条规定专利行政部门对重复侵权行为行使责令停止侵权、没收违法所得、违法所得倍数罚款以及 20 万元以内罚款的自由裁量权。五是专利代理违法行为。根据《专利法》第 19 条、《专利代理条例》第 25—27 条,省级专利管理部门可以对专利代理机构或专利代理人分别行使责令改正、警告、罚款、没收违法所得、暂停执业、吊销执业许可证的裁量权限。六是违反展会专利保护相关规定。《江苏省专利促进条例》第 37 条规定责令撤展的裁量权。七是电子商务平台经营者违法行为。《电子商务法》第 84 条规定知识产权行政部门对平台经营者行使责令改正以及 5 万—200 万元罚款的自由裁量权,以及《浙江省专利条例》第 47 条规定专利行政部门对网络平台提供者行使责令改正、警告或 5 万—20 万元罚款的裁量权等。可见,长三角地区知识产权案件自由裁量基准的制定亟待统一违法行为的类型和自由裁量幅度,及时修订地方性专利保护立法相关内容。同时,充分利用地方立法先行先试的便利条件和制度创设空间,对严重违反专利管理秩序的新型违法行为设定行政处罚(比如《广东省专利条例》对滥用专利权行为的规制①),以体现长三角区域知识产权保护制度的引领示范作用。

---

① 《广东省专利条例》第 39 条规定,对以下四类滥用专利权行为实施行政处罚并设定自由裁量标准:以现有技术或者现有设计申请专利并获得专利授权后,向专利行政部门提出专利侵权的处理请求的;强制专利实施被许可人购买其他专利使用权的;强制专利实施被许可人只能将基于专利权人专利作出的改进专利卖回给专利权人的;禁止专利实施被许可人对该专利的有效性提出异议的。

(二)裁量阶次的区分与情节适用

行政执法裁量基准的核心问题是细化情节事实和格化执法效果。前者是在对违法行为主客观事实要素逐一列举后认定情节轻重程度,包括违法时间长短、违法所得多少、主观恶意程度、造成的社会影响和危害后果等;后者是在现有执法限度内,将执法种类和幅度区分为不同的裁量阶次,使得每一个违法事实均能对应明确的执法阶次。一般而言,行政处罚自由裁量权分为四个档次,即情节较轻、从轻处罚;情节较重、较重处罚;情节严重、从重处罚;以及情节轻微并及时纠正,没有造成危害后果的不予处罚。考虑到跨区域执法案件的性质和社会影响程度,长三角地区知识产权自由裁量权分为情节较轻、情节较重和情节严重三个档次,不考虑免于处罚的轻微情节。其中,要着重考虑情节严重的裁量阶次,在裁量情节和裁量标准中彰显区域执法协作的权威性,增强对跨区域侵权违法行为的威慑力。比如,将重复侵权、群体侵权等恶意侵权行为畸重裁量为从重处罚,不以侵权损失或违法所得案值认定从轻情节;再比如,提高电子商务平台经营者的注意义务,缩短平台对专利侵权相关网络资源采取措施的时限,并相应设置从重情节。简言之,跨区域知识产权协作执法不同于一般执法行为,畸重裁量的基本理念是知识产权严保护政策导向下的必然逻辑。

(三)裁量程序与处罚权限的规范表达

专利行政执法裁量基准是控制专利行政执法权的实体规范,即便如此,它们仍然离不开行政程序所提供的一系列法律程序规范的辅助。由于牵涉不同省域的行政执法主体且影响面广、证据难以保存等复杂因素,跨区域执法协作更需要注重裁量程序,使自由裁量权在程序规程内高效运行。以行政处罚决定的作出为界,将裁量程序分为行使裁量权的执法程序和案件终结程序。执法程序应严格遵守立案审批、行政执法调查、调查终结报告、行政处罚决定审批等执法流程,规范填写相关执法文书,并建立完整的执法案件档案。在行政处罚决定作出后,执法人员应提交执法协作案件调查终结报告,制作《处罚决定书》,并注明处罚决定的事实、理由和依据,最后是依法公告案件处理结果。值得注意的是,单独部门的行政处罚权限依据部门内部执法惯例,省域内的跨部门执法也可以按级别确定权限,但区域执法协作中的处罚权限划分相对复杂。对此,在知识产权执法协作基本框架内,以管辖地确定协作案件的普通权限,以裁量情节确定协作案件的特别权限。具体而言,案件的初始管辖地所在省级知识产权局,依据其处罚权限和执法流程实施立案调查;如果适用严重的裁量情节,则将案件置于协作会商机制下,待共同拟定处理意见后,提交于执法协作工作协调小组或其约定的主体进行最终审批;其他裁量情节案件在执法协作框架内灵活处理。

四、加强知识产权行政执法协作大数据信息监管平台建设

当前,大数据、云计算、物联网、人工智能等信息技术在知识产权侵权违法案件查办中发挥重要的技术支撑作用。为应对区域执法协作中信息沟通成本高、人力调查范围大、衔接机制不到位的现实困境,亟须整合各类知识产权信息资源,建立长三角地区统一的知识产权大数据监管平台。

(一)建立健全知识产权执法协作的基础数据库

基础数据库是知识产权信息共享、执法监管、侵权比对的基础条件,搭建新的基础数据库会耗费大量人、财、物等行政资源。比较现实的构建路径是,联通各省级现有知识产权数据库资源,重新设定数据库平台的应用权限,实现长三角地区知识产权协作相关行政部门内部平台的信息共享。在基础数据库共建方面,要加大对长三角区域内知识产权授权信息、侵权判定信息、转让许可信息、市场服务信息等关键内容的提取筛查力度,尤其是对专利授权信息、商标注册信息、知识产权纠纷大案要案处理信息的采集。同时,要善于利用国家知识产权局以及其他省级知识产权数据库资源,尽可能互联互通。考虑到执法协作对数据库利用便捷性的需求,可以将数据库资源搭载于移动终端设备中,方便执法人员及时查询和共享信息。对于执法

协作案件信息,数据的标准化处理包括但不限于知识产权授权文件的关键信息、法律适用信息、侵权裁定数据信息、重点产品和服务数据信息、市场主体数据信息等。标准化处理后的信息融入相应数据库,并纳入专门的执法协作数据库资源,为执法协作工作人员提供数据支持。当然,执法人员应恪守数据公开共享、不泄露国家秘密或商业秘密、不侵犯个人隐私等基本义务,依法依规使用数据库资源。

(二)完善知识产权执法协作的智能监管系统

政府对创新环境的规制和监管,间接支持了区域科技创新活动的有序开展,监管内容主要涉及建立公平合法的市场秩序和打击知识产权侵权违法行为等。[1]依托技术支撑的智能检测系统,知识产权执法监管的时空范围得以全面拓展,执法协作的常态化工作由被动协调转为预警协作。针对长三角知识产权侵权假冒高风险产品和企业名录,从技术上可以实现对侵权假冒线索的在线识别、实时监测、源头追溯等功能。智能监管系统对于长三角知识产权保护意义重大。因为长三角地区电商经济非常发达,电子商务领域的知识产权侵权数量和案值较大,这为区域执法协作带来挑战,而先进的智能监管系统能够结合线上注册和交易信息,从而确定线下生产经营场所及仓储物流信息,实现线下有效的案件协查、联合办案、证据移转等。长三角区域应当不断深化电子商务领域知识产权执法协作机制,提升线上案件监管力度和线下执法协作效率。值得一提的是,长三角地区规范的平台治理经验是可以合作利用的重要资源。以阿里巴巴、苏宁易购为代表的主流电商平台已建立了自成体系的知识产权保护模式,三省一市知识产权局要积极探索多元共治的电商治理模式,整合知识产权行政部门和电商平台的保护资源。执法协作协调机构要与主要电商平台建立稳定畅通的信息沟

---

[1] Shi Q, Lai X D, "Identifying the underpin of green and low carbon technology innovation research: A literature review from 1994 to 2010", *Technological Forecasting and Social Change*, Vol.5, 2013.

通与反馈机制,发挥电商企业在线索通报、证据固定、大数据筛查等方面的技术优势,适时联合电商平台开展电子商务领域专项执法协作行动。此外,还要将智能监测系统与执法维权指导管理等相关系统进行对接,以实现数据监测与执法维权活动的有效衔接,为跨区域、跨部门的知识产权执法协作提供稳定可靠的技术支撑。

综上,执法协作是长三角知识产权协同保护的主要方式之一。从行政保护的成熟经验来看,已在全国知识产权局系统实行多年的"雷雨""天网"等专项执法活动,逐渐形成常态化机制运行,产生了很好的社会效益和侵权遏制效果,在规范市场秩序、保护消费者权益和保证知识产权制度正常运行方面有着其他机关所不具备的天然优势。①经过多年实践探索,长三角知识产权执法协作基本形成了体系化、多层次的制度规范,建立了常态化的协作沟通机制,区域知识产权执法协作成效明显。依据《规划纲要》的战略定位,长三角是"区域一体化发展示范区",需要率先在制度创新、机制优化方面提供示范。目前,长三角知识产权执法协作仍面临区域性立法滞后、执法联动协调机制不够顺畅、案件的法律适用标准和判罚尺度不统一以及信息共享平台建设薄弱等困境和问题。为此,需要加快推进长三角区域的知识产权保护协同立法进程,逐步融通跨区域、跨部门执法协作的运行机制,尽快制定知识产权案件自由裁量基准,加强知识产权执法协作大数据信息监管平台建设等。即从地方立法、运行机制、执法程序和信息技术支撑四个维度,全面提升长三角知识产权协同保护的效率和水平。

相比于传统的信息传导机制容易导致信息失真、信息时效性差等问题,基于大数据平台的强大信息采集能力和信息处理能力,可以有效提升跨区域知识产权执法信息的及时共享。知识产权行政保护主体不再局限于私益导向下的消极监管,而是基于优化营商环境的政策立场实施主动监管,诸如

---

① 曹致玮、董涛:《新形势下我国知识产权保护问题分析与应对思考》,《知识产权》2019年第7期。

知识产权信用监管、"互联网＋"大数据保护、跨区域联合执法协作等凸显公益导向。[①]同时,针对知识产权侵权隐蔽性强、违法成本低、执法成本高的执法难题,借助"互联网＋"相关技术手段实现对侵权假冒线索的在线识别、实时监测、源头追溯,推进线上线下一体化协同监管,增强知识产权执法协作的决策科学性。在大数据、云计算、人工智能等"互联网＋"技术手段的支撑下,区域知识产权信息汇聚成一张庞大的数据网络,执法协作在某种意义上就是共同对数据网络的动态管理,在信息数据的反馈指引中提高知识产权领域的大数据治理能力。可见,长三角区域知识产权执法协作需要解决信息共享平台搭建、信息联通机制顺畅、协作机构权威统筹等问题,做到精准高效打击区域内知识产权侵权违法行为。未来,以大数据、人工智能、区块链等技术为支撑的新型知识产权保护规则,将重构知识产权协同保护体系,驱动知识产权协同保护理念创新、流程再造和能级提升。

---

① 戚建刚:《论我国知识产权行政保护模式之变革》,《武汉大学学报(哲学社会科学版)》2020年第2期。

第六章
技术维度：地方政府知识产权保护的数据赋能

　　大数据是政府治理创新的动力源和体制改革的突破口，数据化思维将给知识产权行政管理体制改革带来根本性影响，使知识产权领域的精细化治理成为可能。基于数据信息的采集、共享、挖掘和运用，知识产权行政部门的市场监管职能和执法职能得以全面优化。然而，当前知识产权领域的大数据治理仍存在顶层设计不足、职能部门间衔接不畅、数据智能系统开发较慢，以及数据治理理念落后等问题。为此，知识产权管理体制改革与重塑应从政策主导向法律主导转变，围绕数据流转协调行政保护部门的"条块"关系，建立健全技术支撑体系，重塑知识产权行政权责关系。[1]

　　关于大数据发展对知识产权行政管理领域的影响，学者们主要从法学、管理学视角进行了初步探讨。崔立红等认为我国知识产权管理能力无法满足数据资源急剧增长的"大数据"时代，应加强数据资源的整合与开放、完善相关技术措施，强化知识产权行政部门的大数据应用能力[2]；李雨峰等认为知识产权行政保护的新趋势是信息化治理和信息监管，统一市场监管下的知识产权管理体制改革打破了原有管理体制下阻碍数据连接的壁垒，但信

---

[1] 万里鹏：《大数据时代的知识产权行政管理体制改革与重塑研究》，《中国发明与专利》2021年第11期。

[2] 崔立红、刘德旺：《大数据时代我国知识产权管理与保护的变革》，《知识产权》2016年第11期。

息化治理模式仍处于培育阶段①;谢从晋等提出构建基于大数据的创新成果管理模式,以便提高知识产权的创造质量、保护成效和转化效率等②;周克放认为建立知识产权预警大数据平台需要遵循一定的规则,既包括大数据平台构建的一般规则,又包括国际间大数据平台的特性③;胡阳认为信息服务是知识产权工作的重要基础,在情报检索、证据比对、审查确权、维权预警、行政执法、司法保护、产业研究等方面都有重要的应用。④学者们对我国知识产权领域大数据治理的问题和约束因素进行了归纳分析,并对如何提升大数据治理能力提出了完善建议。然而,分析视角偏于"局部化",研究内容也相对零散,缺少整体性的数据治理理念嵌入与机制研究。基于此,政府能否利用大数据提高知识产权行政管理的质量和效益,现有的制度设计存在哪些问题和瓶颈,以及如何完善制度以增强知识产权管理的科学性和预见性等系统性命题,正是本书研究的出发点和落脚点。

第一节　大数据对知识产权保护职能的影响

2018年7月31日,国家知识产权局印发《"互联网+"知识产权保护工作方案》(简称《方案》),用数据化决策思维,对知识产权行政保护的大数据发展进行顶层规划,再造知识产权行政保护体系。⑤大数据是政府治理的重

---

① 李雨峰、邓思迪:《知识产权行政保护的未来》,《江苏师范大学学报(哲学社会科学版)》2018年第5期。
② 谢从晋、毕孝儒:《基于知识产权大数据的创新成果管理体系设计》,《中国发明与专利》2019年第8期。
③ 周克放:《知识产权预警大数据平台构造规则研究——以中国—东盟自贸区为背景》,《哈尔滨学院学报》2017年第1期。
④ 胡阳:《以〈意见〉为纲,推动知识产权信息利用现代化发展》,《中国知识产权报》2020年1月1日。
⑤ 主要任务包括:建设基础数据库、侵权假冒线索智能检测系统等技术支撑体系,建立侵权假冒线索检测启动与推送、智能检测与人工判断衔接、涉外侵权假冒信息分析处理等核心运行机制,推进有关地方与单位、重点领域与环节的试点工作等。

要手段和突破口,正逐步形成政府部门间的数据共享、政府与企业以及与社会公众的互动治理新格局,促使政府治理在体系、结构、流程和决策等方面进行变革。①放眼全球,数据资源主导着新的科技革命和产业革命发展进程,如何正确认识大数据的功能和价值、充分利用丰富的大数据资源以提升公共治理能力,是衡量政府治理效能的重要表征。

处于深度变革中的知识产权治理领域,大数据及其技术体系的影响是深层次、全方位的。首先,围绕知识产权创造、保护和运用的各类信息呈现几何级增长态势,这就对知识产权管理者的信息甄别和处理能力提出了很高要求,否则容易陷入数据的"汪洋大海"而迷失数据管理的核心目的。其次,网络环境下的知识产权侵权行为越来越隐蔽,侵权成本因技术规制薄弱而相对降低,尤其是电子商务领域知识产权侵权违法的规制效果不理想。大数据从正向层面拓展了知识产权管理者、利用者的边界,但从负向层面也为侵权违法者提供规避技术措施、逃逸侵权惩处的可乘之机。再次,知识产权保护的受关注度越来越高,政策层面从中央到地方的知识产权保护政策与科技创新、"放管服"改革、营商环境优化等紧密联系,知识产权行政管理水平已经成为衡量地方政府治理能力的重要指标,亟须破解大数据时代下知识产权行政管理体制变革中存在的体制机制问题。

一、职能定位:遏制侵权与监测侵权

遏制侵权行为是知识产权行政保护的基本原则和逻辑起点,无论是依当事人申请被动调处知识产权侵权行为,还是主动查处违反市场监管秩序的违法行为,都贯穿于知识产权保护的制度体系。然而,知识产权行政保护受限于市场监管职能定位虚化和行政执法手段单一的职能缺陷②,未能

---

① 侯佳儒、尚毓嵩:《大数据时代的环境行政管理体制改革与重塑》,《法学论坛》2020年第1期。
② 肖尤丹:《专利行政职能制度改革思路研究——以加快知识产权强国建设为发展背景》,《中国科学院院刊》2016年第9期。

实现行政权有效遏制知识产权侵权违法行为的目的,这也成为行政保护饱受质疑的主要原因[①]。换言之,知识产权行政保护法律法规和政策措施的制定,在实际运行中未能实现既定目标,知识产权侵权违法行为的复杂性和易变性超出了制度设计者的理性预期,而大数据会对此产生叠加乘数效应。侵权认知的偏差成为知识产权行政保护难以奏效的关键因素,而利用大数据技术手段可以有效地监测侵权行为,提升知识产权执法主体惩处侵权假冒行为的效力及精准度。大数据技术在根本性优化知识产权职能定位的同时,为发现侵权行为、获取侵权信息,进而有针对性地采取惩处措施提供便利。比如,基于大数据的智能图像识别、数据抓取与交互分析、智能追踪等,已成为大型互联网企业在线识别假冒伪劣商品的重要技术手段。

二、管理模式:粗放式管理与精细化治理

形成于特定历史背景下的知识产权行政体制带有深刻的时代烙印,从体制架构、管理思维、保护理念、工作流程等方面沿袭传统科层制模式。通过系统化构建数据采集、处理、分析、共享的平台和机制,大数据治理有助于突破科层制管理的部门藩篱,不再是简单工具意义上的大数据应用思路。依托知识产权侵权假冒线索的在线识别、实时监测、源头追溯以及相关知识产权产品和服务数据库的技术支撑,大数据技术使知识产权领域的精细化治理成为可能。例如,对于目前困扰地方知识产权保护中的执法标准不统一问题,通过对侵权企业或个人的案件性质、侵权类型、法律法规依据、惩处结果等要素进行大数据统计和分析,建立起科学化的侵权模型,尽可能避免侵权处罚过程中的裁量标准不统一、主观因素干扰、裁量畸轻畸重等问题,精准辅助侵权查处的程序和结果。

---

① 曹博:《知识产权行政保护的制度逻辑与改革路径》,《知识产权》2016年第5期。

三、义务转变：信息公开与数据共享

自 2014 年 2 月 4 日国务院批转《关于依法公开制售假冒伪劣商品和侵犯知识产权行政处罚案件信息的意见（试行）》以来，知识产权行政管理部门信息公开的程序、范围、内容等逐步拓展。实证研究表明，知识产权信息公开承载了行政处理知识产权纠纷的正当性与提高执法公信力的价值预设，也严重影响到行政相对人的知情权、参与权、监督权等合法权益的行使与实现。[1]传统的知识产权信息采集大多以知识产权局内设机构为主导，而与知识经济密切相关的知识产权大数据资源已超出单个知识产权部门的管理权限，势必限制了知识产权数据在更大范围、更高能级的共享与融合。在新一轮党和国家机构改革进程中，从中央到地方的知识产权局划归市场监督管理机构管理，有利于将碎片化的、相互隔离的知识产权监管信息与执法信息连接起来，提高了知识产权信息收集、处理、共享的效率。从更高层级的信息共享角度看，随着知识产权领域改革深化推进，未来会逐步整合所有与知识产权保护有关的行政部门的知识产权数据，包括版权管理部门、商务部门、公安部门、海关等，拓宽知识产权大数据运用的时空维度。

四、责任导向：结果责任与过程监督

传统知识产权行政保护模式以结果责任为导向，但会引发以下三方面问题：一是执法积极性不高，执法人员对办理疑难复杂案件有畏难情绪。知识产权行政执法长期受制于分散的管理体制，尤其是知识产权局配备的专利执法力量较为薄弱，知识产权执法的积极性没有被充分调动起来。知识产权行政处罚自由裁量空间较大，执法与否、处罚与否及其幅度都为不当行政行为埋下隐患。二是结果认定存在不确定性，知识产权行政执法效力不

---

[1] 李云霖、欧爱民：《知识产权行政处罚案件信息公开机制探析》，《知识产权》2014 年第 8 期。

高。以专利为例,专利权是一种被推定有效的权利,自授权之日起任何利益相关方均可对权利状态提出质疑。知识产权管理部门在案件处理过程中,经常会涉及专利权效力判定问题,倘若不能确认专利权的效力,则很难依法公正做出具体行政行为。三是助长侵权者的侥幸心理,侵权违法成本较低。相对被动的侵权线索发现路径,难以对知识产权侵权违法者产生威慑效力。侵权行为的发现与否,存在很大的不确定性。即便侵权行为被发现或举报,侵权证据的固定与取证也存在较大难度。大数据在线监测平台的建设将加强过程监督,从而在根本上转变知识产权执法被动的局面,大幅度提高侵权违法成本;同时,大数据及其关联技术平台为公众监督提供便利,知识产权利益相关公众可以基于数据共享的公共服务平台及时、有效地维护自身合法权益。

第二节 大数据时代知识产权保护职能履行面临的问题

随着数据化处理技术日新月异,大数据治理政策已滞后于丰富多样的数据应用场景,知识产权管理部门需要不断应对实践中出现的知识产权保护新问题。为此,亟待从大数据治理的高度对知识产权行政管理体制进行整体分析。

一、大数据顶层设计不够,未能有效统筹和调动系统内外各类资源

2019年11月24日,中共中央办公厅、国务院办公厅印发《关于强化知识产权保护的意见》(简称《意见》),这是知识产权治理领域效力较高的政策性文件,其第7条规定"加强专业技术支撑",内容涉及源头追溯、在线识别、智能检测系统等技术手段。政策性文件在治理实施过程中具有灵活性和可

变动性的优势,可根据实施反馈进行动态调整,但规范性文件的效力位阶较低,据此开展的专项行动方案、运动式执法、集中整治等方式,往往带有浓厚的"应急"色彩,很难取得稳定、长期的惩治效果。①

大数据技术在知识产权治理中的运用,有赖于制度的刚性保障,而不是形式上的政策流转。由于缺乏更高法律位阶的顶层设计,知识产权行政体制改革难以实现基于大数据思维的职能转变、组织重组和职权重置。同时,政策设计带有鲜明的"部门立法"烙印,《方案》是国家知识产权局印发的通知类规范性文件,效力范围仅限于全国知识产权局系统内部贯彻执行。在强化部门利益、扩张部门职权的驱动下,制度考量和机制配套难免停留于体系内循环,难以更全面、多渠道统筹各类治理资源。换言之,脱离法律法规的合法性授权和程序性约束,知识产权领域的大数据治理缺乏必要的法律依据。例如,统一市场监管体制下的地方知识产权局,其知识产权监管职能缺乏法律授权,专利行政执法权未能融入市场监管执法权体系,进而导致地方知识产权执法权限冲突问题。这寄希望于第四次修订中的《专利法》能对专利监管职能和执法权限作出规定,才能从根本上解决目前地方专利执法工作中遇到的困难和瓶颈。

二、职能部门间衔接不畅,未能形成知识产权保护闭环体系

统一市场监管体制改革以来,知识产权领域的市场监管仍存在突出问题:知识产权保护职责分属不同的行政部门,存在监管职权交叉重叠的问题;各管理部门都建设有本领域的监管系统,客观上造成了大数据监测平台重复建设、建设质量参差不齐的问题;地方政府普遍缺少常态化的府际知识产权协调机构,数据共享困难,难以实现数据集约化处理。这些困难和问题成为制约知识产权数据监管体系建设的关键。《方案》适用于知识产权局系

---

① 戚建刚:《论我国知识产权行政保护模式之变革》,《武汉大学学报(哲学社会科学版)》2020年第2期。

统的大数据监管活动,要求"充分考虑专利、商标等各类知识产权特点,分类指导,分步实施",实际上并未提供统一的政策指导,各类知识产权保护职能部门仍然是遵循部门本位主义,大量知识产权市场信息实际上仍得不到有效监管。

《意见》提出要"优化协作衔接机制,突破知识产权快保护关键环节",重申部门协作机制的重要性。考虑到地方管理的自主性,地方知识产权局的职能运行首先是服从地方政府管理,大数据资源的利用由省级政府统一部署,知识产权局的大数据信息监管及机制建设无法独立于省级大数据管理体系。这又会产生新的问题:地方知识产权局是否有能力独自构建大数据支撑体系;知识产权局的信息监管体系与地方大数据管理部门的信息监管体系之间的关系如何处理;知识产权局是否有足够资源满足长效监管的日常工作;等等。这对处于省级行政部门机构末端的知识产权局,暂时还不具备承担整合知识产权信息监管资源的能力。由于缺乏法律依据,地方知识产权局的管理职能一直不够明确,即该做什么、不该做什么以及如何做都缺乏规范指引。这也是我国知识产权执法透明度不足、保护强度弱等受到质疑的内容之一。①实际运行情况已初步表明,有地方资源优势的知识产权局(比如北京、上海)能够积极推动大数据建设相关工作,更多的地方仍处于大数据治理的培育阶段。

畅通的部门监管衔接机制是未来知识产权领域大数据治理的目标和愿景。从保障体系运行的角度讲,以下三对关系亟待理顺:一是国家知识产权局与地方知识产权局、知识产权维权援助中心、知识产权保护中心等机构、人员在体系内的关系处理,这是纵向内部体系畅通的基础环节;二是知识产权局系统与其他知识产权监管部门之间的关系处理,这涉及横向的职权协

---

① Dan Prud'homme, "Dulling the Cutting Edge: How Patent-Related Policies and Practices Hamper Innovation in China", *European Union Chamber of Commerce in China Publications*, 2012.

调与协作监管机制;三是知识产权监管信息与府际大数据资源开发利用的兼容关系,这是大数据应用的数量和质量基础,缺少多维度、足够量的数据样本是难以获得有效数据结论的。大数据支撑下的知识产权保护体系建设是一项长期工作,相应的制度建设亦需有序建设。

三、数据智能系统开发较慢,数据管理能力亟待提升

基础数据库和智能检测系统是大数据技术支撑体系的两大支柱。前者主要包括知识产权概要数据库、侵权判定信息数据库、转让许可数据库、重点产品和服务数据库等;后者主要实现对知识产权侵权假冒线索的在线识别、实时监测、源头追溯、网络电子证据固化等功能。两者不仅需要完成自身的系统构建和技术迭代,还需要相互间的系统对接融合,以及与人工判断信息的交互衔接,这对技术研发能力和系统管理水平提出了很高要求。我国政府在大数据应用治理中还面临很多问题与困境,诸如大数据决策能力、技术执行能力、学习能力、资源整合能力、业务流程改造能力等技术性问题成为横贯于数据治理目标与实践之间难以逾越的鸿沟。[1]面对海量的知识产权数据量,现有数据库系统在存储量和数据计算能力上相形见绌,技术滞后势必导致知识产权领域的大数据管理处于低水平运转阶段。技术瓶颈也受制于数据管理软件的自主研发能力,软件开发、维护、更新都要耗费昂贵的费用。不同于阿里巴巴、百度等商业企业对技术研发的成本效益权衡,政府应用大数据管理技术只能通过政府购买服务的方式,借助第三方机构达到技术治理效果,这对财政日渐吃紧的地方政府而言是很大的挑战。况且,技术治理的红利未能在短期内显现,更多偏重于数据共享的公共服务属性也难以从政府绩效评估的角度获得肯定。

---

[1] 参见徐勇:《大数据视野下政府治理能力构建研究》,《中共天津市委党校学报》2019年第4期;张凯、刘亚男、周永华:《大数据时代我国地方政府治理能力现代化的实现路径》,《辽宁行政学院学报》2019年第6期。

此外,技术管理能力是技术支撑体系的关键一环,纵有先进完备的大数据系统,管理能力不足也难以真正发挥系统潜力。以专利审查为例,如果不能充分利用大数据系统剔除与申请主体和申请技术无用、无关的信息,就难以对关联数据进行分析以提高审查效率。大数据管理能力不高会影响权利人利益,短期看是专利审查积压、审查周期长,长远看是授权质量不高造成的专利权法律状态的不稳定性。目前来看,对于专利、商标审查主要还是依靠传统的人工审查方式,大数据技术支撑系统的应用还比较有限。再比如,对于知识产权侵权假冒的源头追溯,缺乏精准的信息指引,传统的人力调查不仅范围有限,也会对企业正常市场经营行为产生影响,而知识产权执法人员不善于利用大数据思维提高执法效率,一线执法人员的数据素养亟待提升。大数据技术支撑体系的构建是一项系统工程,从技术硬件到软件、从管理者思维到能力,都关系到知识产权公共治理能否借助大数据技术达到提质增效的目的。

四、数据治理理念落后,服务型政府职能转变未到位

大数据时代,数据不仅仅是治理的工具,而且是更为基础性的思维理念。在新一轮机构改革后,知识产权管理部门的组织机构发生重大变革,隶属市场监督管理部门后其市场监管职能得以增强,但组织结构的调整并未使公共服务职能得以优化。相反,随着地方知识产权局整体并入行政机构,原来承载公共服务职能的事业单位部门被相继撤并转制,知识产权管理部门的公共服务职能实际上存在被弱化倾向。此次机构改革后,知识产权局整合分散在不同部门的知识产权管理职能,有利于降低知识产权管理碎片化局面,为整体性职能转变提供便利。

一个良好的知识产权公共服务体系应当具有全局性、长期性和稳定性,在推动知识产权运用的同时,促进了全社会的技术信息扩散。对于知识产权行政管理部门而言,公共服务职能就是建立健全各类知识产权平台,以及基础数据库相关资源等。但是,与发达国家相比,我国的知识产权公共服务职能缺乏立法支撑、地方知识产权公共服务体系比较薄弱、专业化的公共服务人才匮乏等存在较大差距。近年来,虽然国家知识产权局越来越重视构建国内外专利基础数据库,但数据资源的开放程度和数据资源获取的便捷程度还有很大改进空间,从数据管理向数据治理的转变既是机遇,更是挑战。大数据应用是政府职能转变的内驱力,迫使体制改革与重塑,也是衡量职能转变是否到位的重要标准。

第三节 大数据赋能知识产权保护职能的对策建议

知识产权行政保护处在机构改革、社会治理转型和大数据时代的叠加期,面临多重变革因素。从改革目标上,知识产权行政保护体制改革就是架构并形塑我国的知识产权治理基本结构,推动知识产权治理现代化①。大数据时代,知识产权保护体制的功能发挥仍有赖于在数据化治理思维驱动下全面推进内部制度变革。

一、形成从政策主导到法律主导的知识产权行政保护体制

政府作为宏观调控者和微观实施者,在知识产权保护中要矫正市场固有缺陷并规范私权,具体措施包括在宏观层面制定知识产权政策与规则和在微观层面实施知识产权行政保护。②政策治理往往发挥先导作用,而政策的法律化才是制度定型的关键。从试点探索到经验总结,再到发展成熟的管理体系和制度,最终目标是从立法层面予以保障。为此,知识产权行政保

---

① 易继明:《国家治理现代化进程中的知识产权体制改革》,《法商研究》2017年第1期。
② 吴汉东:《新时代中国知识产权制度建设的思想纲领和行动指南——试论习近平关于知识产权的重要论述》,《法律科学》2019年第4期。

护体制改革可分步骤进行。

（一）有序推进试点工作

优先选择大数据治理基础较好的地方或单位，结合知识产权工作实践，创新大数据应用的平台与机制。同时，选择电子商务、大型展会等重点领域率先突破，推进建设全国性和区域性的知识产权智能检测系统。在积累经验、总结教训、适时调整的基础上，形成可复制、可推广的制度经验，待到条件成熟后修改相关配套制度。试点工作阶段性完成后，再根据实际运行状况和数据应用需求，持续完善基于大数据应用的知识产权保护技术体系和工作运行机制，为进一步的制度建立提供基础。

（二）修改知识产权法律法规

关于知识产权领域的大数据立法主要从三个方面进行考虑：一是在《专利法》《商标法》《著作权法》等修订中增设大数据保护相关内容，赋予知识产权管理部门对知识产权数据信息的采集、利用、监管与共享等法定职能，为建立数据化管理的知识产权体系奠定立法基础。比如，在最新的《专利法修正案（草案）》中，对专利信息公共服务体系建设的新增规定，就明确赋予国务院专利行政部门构建信息服务体系的职能。[1]从知识产权法律层面进行顶层设计，重点是解决行政部门构建知识产权数据管理体系的权能问题，即将知识产权管理部门的数据化管理职责法定化。在此基础上，行政法规、部门规章以及地方性法规得以进一步细化权能、范围、程序、运行机制等内容。二是在《专利法实施细则》《商标法实施细则》《专利行政执法办法》等行政法规、部门规章中增加大数据保护相关条款。在梳理汇总前期知识产权大数据管理试点经验的基础上，细化相关行政部门对知识产权信息管理职权的具体内容，建立健全知识产权大数据管理的运行体系和实施机制，搭建知识产权领域大数据治理的基本制度框架。三是在地方知识产权综合立法中增

---

[1] 《中华人民共和国专利法修正案（草案）》（2019）第3条：国务院专利行政部门应当加强专利信息公共服务体系建设，提供专利信息基础数据，促进专利信息传播与利用。

设大数据管理相关内容。鉴于我国不同省份知识产权资源禀赋和发展阶段差异较大,地方知识产权综合立法主要体现地方特色。地方立法可以充分挖掘地方治理潜力,更多地从地方层面协调知识产权大数据治理资源,减轻由立法层级的差异性与行政管理的多元性带来的制度运行负担,也便于将试点经验更好地制度化、法制化。

(三)严格依照制度贯彻执行

制度的生命在于执行。知识产权数据管理制度的落实需要制度约束做保障。依据中央和地方知识产权保护职责划分,地方知识产权局负责推进落实知识产权信息化保护工作;国家知识产权局要加强监督考核,对推诿拖延、履职不力者实行约谈、整改等措施,并对工作成效显著者给予激励。同时,鉴于知识产权保护绩效已被纳入地方党委和政府绩效考核体系中,知识产权局需就信息化管理工作定期向上级管理部门汇报,地方政府相应完善通报约谈机制等。

二、围绕数据采集协调知识产权保护行政部门的"条块"关系

统一市场监管下的知识产权综合管理体制改革,加速了跨部门知识产权信息监管的融合进程。围绕数据采集,知识产权行政部门的"条块关系"亟待理顺。

(一)从中央到地方的知识产权系统内部,应形成一个统一性的、专业化的大数据工作运行体系

国家知识产权局负责总体方案设计、组织实施推进和监督指导,组织建设全国性的技术支撑体系,指导相关执法工作广泛应用大数据平台资源,以及相关政策和标准拟定、解释工作等;地方知识产权局在贯彻落实国家知识产权局政策部署的前提下,结合地方实际,推进区域性数据库和智能检测系统建设,并及时与国家知识产权局、其他地方知识产权局系统开展数据沟通协作工作;知识产权维权援助中心通过信息化系统向请求人提供维权援助

方案,提升维权援助服务的精准化、精细化程度,及时做好疑难案件信息的数据移送、处理与反馈,引导权利人利用大数据资源积极维权;知识产权保护中心要积极运用信息化系统,实现对全业务流程的在线管理,利用大数据技术支撑体系提升线上线下协同保护的效率;全国专利保护重点联系单位要深化定向信息交流机制,充分利用本单位优势资源,为技术支撑体系建设提供智力支持等。在内部体系构建过程中,要统一数据管理标准,注重发挥各层次知识产权管理部门单位的职能优势,形成上下贯通的系统协调机制。

(二)在各行政层级的不同部门之间协调建立一个联合性的知识产权数据监管平台

考虑到市场监督管理部门是知识产权局的上级管理单位,况且很多地方知识产权局仅是市场监督管理局的挂牌机构,由市场监管部门作为跨部门协同机制的枢纽较为合适,便于知识产权信息监管工作的有效开展。在中央层面,就是由国家市场监督管理总局作为数据中枢,整合原国家工商行政管理总局的商标数据信息、原国家质量监督检验检疫总局的原产地地理标志数据信息、国家知识产权局的专利数据信息、国家版权局的版权数据信息、商务部的与贸易有关知识产权数据信息、海关总署的知识产权数据信息等,形成有效遏制知识产权侵权行为的立体化数据网络。在地方层面,构建省级层面的知识产权行政执法监督平台,覆盖省、市、县不同执法层级,对各类执法主体在执法行动过程中产生的与知识产权有关的信息予以实时监督与反馈,并及时做好执法信息公开工作。相关执法部门在获得知识产权数据信息后,应上传至执法监督平台,不同部门的执法信息经过数据库筛选和系统处理后供有需要的部门共享使用。以数据采集为纽带,构建起不同层级的跨部门数据监管体系,实质上形成了知识产权综合保护、协作执法的运行机制。

三、建立健全知识产权行政保护的技术支撑体系

技术支撑体系的构建需要满足技术完备和技术应用娴熟两个基本要

件,即实现技术系统本身的良性运转和高质量的人机互动模式,技术系统需要不断更新迭代,技术工作人员更需要提高对技术系统的研究应用能力。

(一)应加强知识产权保护基础平台建设,主要是知识产权基础数据库和侵权假冒智能监测系统

在基础数据库建设方面,要进一步加大对知识产权授权信息、侵权判定信息、转让许可信息、市场服务信息等的提取筛查力度,尤其是对专利授权信息、商标注册信息、知识产权纠纷大案要案处理信息等的统计监测,为侵权比对提供基本数据参照。基础数据库比较耗费人、财、物等行政资源,原各子数据库更面临着更新升级的问题。国家知识产权局需要统筹协调从中央到地方各类知识产权基础数据库的建设工作,更好集成为全国性的知识产权大数据中心。在侵权假冒智能监测系统建设方面,主要是实现大数据、人工智能技术在知识产权保护领域的场景应用。系统构建的核心是侵权假冒线索智能检测系统,技术手段为源头追溯、实时监测、在线识别等。与基础数据库的建立不同,智能监测系统主要依赖软件系统的研发设计以及互联网技术的深度嵌入。比如,线上线下快速协查的实现,就需要实时监测模块输出线上侵权假冒线索,然后确定线下生产销售相关信息,才能精准实现线下源头追溯。在监测系统研发过程中,知识产权管理部门应借鉴国内外知名互联网企业的大数据管理技术与经验,通过积极开展政府与企业的技术合作或通过政府购买服务方式进行量身定制,以弥补政府部门在数据系统研发方面的技术短板。此外,还要将智能监测系统与执法维权指导管理等相关系统进行对接,以实现数据监测与执法维权活动的有效衔接。

(二)提高技术工作人员的技术应用能力

作为数据库和智能系统的相关管理人员,应当把每一项知识产权数据采集好,充分利用自然语言处理、计算机视觉、专利关联图谱等人工智能技术提高数据治理水平,实现信息服务的精准快捷,为全社会知识产权保护提供最基础、最有效的技术保护工具。具体而言,一是技术工作人员应当立足

知识产权"大保护"格局,扩大数据采集加工范围,为创新主体提供更全面的数据通道。比如,进一步探索专利、商标、版权、地理标志等数据标准化,加强行政执法、司法保护、交易、质押、许可、证券化等数据的开发,拓展多元数据融合路径。二是技术工作人员应当适应"严保护""快保护"的迫切需求,利用专业技术为一线执法人员提供有力支持。比如,通过在线识别技术的深度研究,便于行政、司法、企业人员快速获得专业可靠的线索或证据,缩小对知识产权侵权假冒行为的人力调查范围,提升打击力度及精准度。三是技术人员应当适应"同保护"政策要求,提供及时的维权预警信息。比如,在基础数据库建设中设置中外知识产权保护制度对比库,便于国内企业及相关从业人员熟悉不同国别下的知识产权纠纷处理方式。四是技术人员应严格恪守数据来源合法合规,确保数据加密保护和存在安全,数据披露和共享不泄露国家秘密、商业秘密或个人隐私等基本义务。技术工作人员的技术研发、应用能力对于技术支撑体系的意义不言而喻,这就需要在知识产权系统内部培育一支专业化的信息技术人才队伍,专职从事基础数据库建设和智能监测工作,在职业培训、薪资水平、职务职级晋升等方面提供优厚待遇,充分发挥人力资源在技术保障体系中的乘数效应。

四、重塑公开透明的知识产权保护行政权责关系

大数据治理视域下,知识产权行政职能转变主要体现在:一是畅通信息公开、共享机制。服务型政府的出发点和落脚点是人民,不能考虑公众诉求的体制机制仍然是单向度的管理型逻辑。为知识产权利益相关者提供优质的数据资源,是知识产权行政管理部门的职责义务。二是构建数据应用沟通机制。知识产权行政管理部门要加大对技术支撑体系的宣传力度,引导广大创新主体积极运用大数据保护机制提升维权效率,主动为重点领域企业提供数据监测服务。

数据公开和共享是治理理念下政府职能转变的必由之路。相关公众对

知识产权数据信息的知情权,为数据应用沟通提供前提条件。行政部门唯有共享知识产权数据信息,利用大数据、人工智能等先进技术手段实施监测,统筹知识产权相关职能部门协作执法,调动社会力量积极参与知识产权保护治理,方能形成多元化的社会共治模式。侵权数据监测、数据化证据固定、数据化导侦等已在执法实践中得到有效检验。在大数据技术支撑体系的辅助下,知识产权行政执法自由裁量权得以限制,有效提升案件处理的合法性和合理性。大数据技术的应用是行政部门的自我革命,实际上加重了知识产权行政保护相关部门的责任。大数据对知识产权行政保护的流程再造,加大了相关行政部门的知识产权信息采集、监测的义务,知识产权大数据管理平台的建设要求相关部门实时上传至数据库。总之,大数据技术的优势集中体现在对数据资源的挖掘、共享、应用上,数据必将成为知识产权行政保护体制改革及其管理流程优化的关键要素。

五、数据赋能的上海实践:以数据技术助力上海市知识产权保护高地建设的实证分析

建设国际知识产权保护高地,是上海市深入贯彻落实习近平总书记关于知识产权保护工作重要指示精神的重要战略举措。近年来,上海市知识产权保护体系不断健全、保护力度不断加大。同时,上海市委党校课题组在调研中发现,上海市在知识产权保护过程中也存在一些短板和问题,特别是基于数据技术的知识产权保护体系建设仍相对滞后,已经成为知识产权保护高地建设的掣肘。笔者建议结合政务服务"一网通办"和城市运行"一网统管"建设,全面推进上海市知识产权保护机制创新、流程再造,不断提升知识产权保护能级。

(一)数据短板严重制约上海知识产权保护高地建设

调研发现,在数据信息技术迅猛发展的今天,其对上海市知识产权保护的支撑作用却尚未充分发挥,具体体现在以下方面。

1. 基础数据信息库的数据已严重老化

知识产权基础数据库是知识产权主管部门的重要工作抓手,是为创新主体提供普惠性优质公共信息服务的基础所在。大量中小微创新企业希望政府在优化营商环境过程中,能够提供优质的知识产权信息检索、交易转化、法律状态等查询服务。但调研中有不少人反映,知识产权"基础数据信息库的数据已严重老化",数据处理能力相对较弱。据了解,上海市知识产权行政管理部门的基础数据库自2008年项目建设完成之后就"再也没有其他专项经费投入",10多年未能升级改造。采访中,有企业主甚至认为这"也许是全国最落后的知识产权公共信息数据库之一"。

2. 公共服务数据信息平台未形成合力

数据库不能很好发挥作用,导致知识产权大量公共服务工作停留在"纸质"层面,与上海市知识产权保护的形势任务、市场主体需求以及公共治理能力提升的客观要求形成了巨大反差。调研发现,上海市知识产权公共服务平台至少存在以下三方面问题:一是知识产权运营平台多而不强,从国家知识产权运营公共服务平台国际运营(上海)试点平台,到各行业以及各个区的运营平台,基本上都是同质竞争。有人反映,这些平台"各自为战""根本没形成合力"。二是各个平台经营方式单一,盈利模式不清晰,知识产权价值评估体系不完善,导致场外交易规模远远高于平台交易。以上海市知识产权交易中心为例,2019年仅完成91项专利交易,同期上海有效发明拥有量达12.98万件。有人坦言,由于交易中心的匹配化程度低,大量的知识产权是通过律师事务所等中介组织在场外交易,市场实际交易数据无法统计。三是知识产权运营平台对周边省市辐射能力有限,相关数据资源统不起来,上海市难以发挥长三角知识产权一体化发展的龙头带动作用。

3. 信息相互割裂难以打出保护组合拳

上海市知识产权保护高地建设离不开跨区域、跨部门、多平台的信息互通。从跨部门协同来看,上海市知识产权主管部门相对统一了专利、商标和原产地地理标志管理权限,但版权执法部门、海关、公安、法院、检察院等部门都有自己的数据管理平台,涉及知识产权保护的海量数据难以互联共享,尚难"打出知识产权保护的组合拳";从跨区域协同保护来看,上海市主导或参与的知识产权保护协同机制仅靠定期的传统的联席会议互通信息,长三角各地知识产权基本数据信息相互割裂,数据信息与执法协同的工作机制并未形成,跨区域知识产权执法协作案件乏善可陈。

4. 监管保护工作的数据信息支撑不足

以大数据、人工智能等信息技术为支撑的监管方式,是强化知识产权保护方式的利器。国家知识产权局自 2018 年印发《"互联网＋"知识产权保护工作方案》以来,在全国多个省(市)推动"互联网＋"知识产权保护工作。调研发现,全市仅有浦东知识产权保护中心探索了信息化监管手段。有人坦言,在上海市知识产权系统人员、经费严重短缺的情况下,知识产权执法既未接入全国性的智能监测系统,更无法建立区域性的知识产权数据监测系统,实际执法工作仍大量依靠传统人力,无法对侵权假冒线索进行在线识别、实时监测、源头追溯,难以实现对侵权违法行为的精准、高效打击。

(二) 以数据信息技术完善,助力上海市知识产权保护高地建设

着眼于努力做到知识产权保护环境全国最好、打击侵权行为全国最有力,以数据科技助力上海建设成为制度完备、体系健全、环境优越的国际知识产权保护高地,笔者提出如下建议。

1. 以体制革新,形成"互联网＋"知识产权保护合力

由上海市政府办公厅、市经信委、市大数据中心、市市场监管局、市知识产权局等单位牵头,发挥上海市知识产权联席会议作用,共同研究制定上海市"互联网＋"知识产权保护工作方案:建立运行机制、推进试点工作、健全制度规范。结合"一网通办"和"一网统管"建设,适时研究调整市知识产权管理部门的信息化机构职能定位,加快推进信息系统整合与政务公开工作,使其能够在助力上海市知识产权保护高地建设过程中发挥应有作用,各方

形成合力,推动知识产权保护理念创新、保护流程再造、保护能级提升。

另一个可供研究的改革思路是,在中国(上海)知识产权保护中心建设过程中,设置专门的信息化部门及人员配备,使其承担推进上海市知识产权保护数据平台建设,提高数据采集的规范性,实现保护中心对知识产权数据汇集"应归尽归",推进业务部门数据共享与开放应用。

2. 以平台建设,推进知识产权数据信息的互联互通

下大力气打造好上海市知识产权保护综合数据信息库,在此基础上构建相对完善的上海市知识产权纠纷网上处理平台,通过这一平台实现市司法机关、行政机关、行业协会、专业机构之间知识产权信息的互联互通共享,从而构建知识产权一站式协同保护体系。依托法人库、人口库、空间地理信息库等基础数据库,开展相关数据的筛选、梳理等辅助服务。特别要加大对知识产权授权信息、侵权判定信息、转让许可信息以及重点产品和市场主体信息的提取筛查力度。相关部门应及时公开知识产权法律文书、纠纷处理情况以及知识产权失信违法等信息。在上海市搭建集知识产权信息查询、协同监管、联合惩戒、行刑衔接、社会监督、决策分析等功能于一体的综合信息平台。

3. 以服务创新,助力上海打造创新发展"策源地"

构建全方位专利数据导航运营服务体系,为产业转型升级提供专利导航、专利运营等知识产权服务。一是构建产业知识产权导航服务体系,面向社会公众提供与产业发展密切相关的专利、商标、司法判例、政策法规、舆情情报、企业信用、知识产权价值评估等信息资源与预警监测服务;二是构建产业知识产权"互联网+"保护服务体系,整合线上维权、侵权监测、服务机构和海外维权等多种保护服务;三是构建多元化知识产权运营服务体系,面向产业领域的高价值专利,提供包括专利转让许可、价值评估、质押贷款、专利融资、技术成果产业化服务等,通过技术性公共服务平台,实现"让群众少跑腿,让信息多跑路"。

4. 以在线识别,提升知识产权保护效率和水平

建立知识产权侵权假冒线索智能监测系统,开发建设假冒专利、外观设计专利侵权、商标侵权、发明与实用新型专利侵权线索的在线识别模型,与基础数据库对接,实现对侵权假冒线索的在线识别。结合城市运行"一网统管",确定上海市侵权假冒高风险产品和企业名录,对名录实施关联性主动监控,完善知识产权代理机构"互联网＋监管"事项清单梳理及数据导入工作。建立线上线下快速协查通道,指导推动电商平台与维权援助中心开展侵权线索判断鉴定机制。将智能监测系统与执法维权指导管理系统对接,实现侵权假冒线索识别、推送、研判与执法维权活动的有效衔接,全面提升知识产权保护效率和水平,营造更好的创新、投资和营商环境。

参考文献

(一) 著作

[1]《习近平谈治国理政》(第三卷),外文出版社 2020 年版。

[2]《习近平新时代中国特色社会主义思想三十讲》,学习出版社 2018 年版。

[3]《习近平新时代中国特色社会主义思想学习纲要》,学习出版社、人民出版社 2019 年版。

[4]《论坚持全面依法治国》,中央文献出版社 2020 年版。

[5]《习近平新时代中国特色社会主义思想基本问题》,人民出版社、中共中央党校出版社 2020 年版。

[6]《〈中共中央关于制定国民经济和社会发展第十四个五年规划和二〇三五年远景目标的建议〉辅导读本》,人民出版社 2020 年版。

[7] 吴汉东等:《知识产权制度国际化问题研究》,知识产权出版社 2016 年版。

[8] [美] 苏珊·K.塞尔:《私权、公法——知识产权的全球化》,董刚、周超译,中国人民大学出版社 2005 年版。

[9] [美] 穆雷·罗斯巴德:《权力与市场》,刘云鹏译,新星出版社 2007 年版。

[10] [英] 洛克:《政府论》(下),叶启芳译,光明日报出版社 2008 年版。

[11] 胡建淼:《公权力研究——立法权、行政权、司法权》,浙江大学出版

社 2005 年版。

[12] 杨海坤、章志远:《中国行政法基本理论研究》,北京大学出版社 2004 年版。

[13] 郑成思:《知识产权法》,法律出版社 2004 年版。

[14] 夏书章:《行政管理学》,高等教育出版社 2006 年版。

[15] 张康之:《公共行政学》,经济科学出版社 2010 年版。

[16] 贺化:《中国知识产权行政管理理论与实践》,知识产权出版社 2018 年版。

[17] [美] 珍妮特·V.登哈特、罗伯特·B.登哈特:《新公共服务:服务,而不是掌舵》,丁煌译,中国人民大学出版社 2016 年版。

[18] [美] 梅里利·S.格林德尔:《打造一个好政府:发展中国家公共部门的能力建设》,孟华、李彬译,商务印书馆 2015 年版。

[19] 张勤、朱雪忠:《知识产权制度战略化问题研究》,北京大学出版社 2010 年版。

[20] 万里鹏:《论我国专利行政处罚权的边界》,知识产权出版社 2017 年版。

[21] 李卫华:《行政参与主体研究》,法律出版社 2012 年版。

(二) 中文期刊

[1] 习近平:《全面加强知识产权保护工作 激发创新活力推动构建新发展格局》,《人民日报》2021 年 2 月 1 日。

[2] 李军鹏:《面向社会主义现代化新发展阶段的政府职能转变》,《中共中央党校(国家行政学院)学报》2021 年第 4 期。

[3] 单晓光、王珍愚:《各国知识产权行政管理机构的设置及其启示》,《同济大学学报(社会科学版)》2007 年第 3 期。

[4] 申长雨:《全面开启知识产权强国建设新征程》,《知识产权》2017 年

第 10 期。

［5］陈水生:《政府职能现代化的整体性建构:一个三维分析框架》,《探索》2021 年第 2 期。

［6］赵静、陈玲、薛澜:《地方政府的角色原型、利益选择和行为差异》,《管理世界》2013 年第 2 期。

［7］王浦劬:《论转变政府职能的若干理论问题》,《国家行政学院学报》2015 年第 1 期。

［8］朱光磊:《中国政府职能转变问题研究论纲》,《中国高校社会科学》2013 年第 1 期。

［9］陈明媛:《论市场经济环境下知识产权行政管理部门的职能转变》,《知识产权》2015 年第 1 期。

［10］宋世明、张鹏、葛赋斌:《中国知识产权体制演进与改革方向研究》,《中国行政管理》2016 年第 9 期。

［11］吕国强:《知识产权综合管理改革的探索与实践》,《中国发明与专利》2018 年第 8 期。

［12］易继明:《国家治理现代化进程中的知识产权体制改革》,《法商研究》2017 年第 1 期。

［13］邓建志:《中国专利行政保护制度绩效研究》,《中国软科学》2012 年第 2 期。

［14］肖尤丹:《专利行政职能制度改革思路研究》,《中国科学院院刊》2016 年第 9 期。

［15］詹映:《中国〈专利法〉第四次修改的焦点及其争议》,《中国科技论坛》2015 年第 11 期。

［16］丁照攀:《"任务决定职能":重新发现地方政府的职能履行》,《甘肃行政学院学报》2021 年第 3 期。

［17］马海涛、岳林峰:《知识产权保护实践中的地方政府因素》,《经济与

管理评论》2020年第4期。

[18] 李雨峰、陈伟:《优化营商环境下政府在知识产权保护中的职能》,《知识产权》2020年第7期。

[19] 李明德:《论我国专利制度改革的三个维度》,《知识产权》2019年第8期。

[20] 戚建刚:《论我国知识产权行政保护模式之变革》,《武汉大学学报(哲学社会科学版)》2020年第2期。

[21] 朱雪忠、胡锴:《中国知识产权管理40年》,《科学学研究》2018年第12期。

[22] 潘小娟:《中国政府改革七十年回顾与思考》,《中国行政管理》2019年第10期。

[23] 陈向芳、江胜超:《地方政府边界:制度价值、逻辑维度与建构思路》,《中共福建省委党校学报》2018年第4期。

[24] 张电电、张红凤、范柏乃:《地方政府职能转变绩效:概念界定、维度设计与实证测评》,《中国行政管理》2015年第5期。

[25] 侯利阳:《市场与政府关系的法学解构》,《中国法学》2019年第1期。

[26] 荣秋艳:《中国地方政府职能:问题、成因及转变》,《经济问题探索》2014年第3期。

[27] 颜璠:《科学发展观视野下的政府知识产权绩效管理初探》,《中国行政管理》2009年第4期。

[28] 肖志远:《解读专利制度的产业政策蕴含》,《法学杂志》2009年第11期。

[29] 关保英:《行政相对人介入行政行为的法治保障》,《法学》2018年第12期。

[30] 曹博:《知识产权行政保护的制度逻辑与改革路径》,《知识产权》2016年第5期。

图书在版编目(CIP)数据

地方政府知识产权保护职能研究 / 万里鹏著 .— 上海：上海社会科学院出版社，2022
ISBN 978-7-5520-3943-6

Ⅰ.①地… Ⅱ.①万… Ⅲ.①地方政府—知识产权保护—政府职能—研究—中国 Ⅳ.①D625②D923.404

中国版本图书馆 CIP 数据核字(2022)第 153363 号

地方政府知识产权保护职能研究

著　　者：万里鹏
出 品 人：佘　凌
责任编辑：熊　艳
封面设计：谢定莹
出版发行：上海社会科学院出版社
　　　　　上海顺昌路 622 号　邮编 200025
　　　　　电话总机 021 - 63315947　销售热线 021 - 53063735
　　　　　http://www.sassp.cn　E-mail:sassp@sassp.cn
照　　排：南京理工出版信息技术有限公司
印　　刷：上海天地海设计印刷有限公司
开　　本：710 毫米×1010 毫米　1/16
印　　张：13.25
字　　数：180 千
版　　次：2022 年 9 月第 1 版　2022 年 9 月第 1 次印刷

ISBN 978 - 7 - 5520 - 3943 - 6/D·660　　　　　　　　定价:88.00 元

版权所有　翻印必究